조선의 마지막을 함께한
# 고종

스푼북은 마음부른 책을 만듭니다. 맛있게 읽자, 스푼북!

인물 속 지식 쏙
**조선의 마지막을 함께한 고종**

초판 1쇄 발행 2017년 09월 15일
초판 6쇄 발행 2022년 07월 01일

글 고수산나 ｜ 그림 이은주

ⓒ 2017 고수산나
ISBN 979-11-88283-03-3 73910

* 저작권법에 의하여 한국 내에서 보호를 받는 저작물이므로 무단 전재와 무단 복제를 금합니다.
* 이 도서의 국립중앙도서관 출판시도서목록(CIP)은 e-CIP홈페이지(http://www.nl.go.kr/ecip)와
  국가자료공동목록시스템(http://www.nl.go.kr/kolisnet)에서 이용하실 수 있습니다. (CIP제어번호 : CIP2017017034)
* 책값은 뒤표지에 있습니다.

**발행처** 주식회사 스푼북 ｜ **발행인** 박상희 ｜ **출판신고** 2016년 11월 15일 제2017-000267호
**제조국** 대한민국 ｜ **주소** (03993) 서울시 마포구 월드컵북로 6길 88-7 ky21빌딩 2층
**전화** 02-6357-0050(편집) 02-6357-0051(마케팅)
**팩스** 02-6357-0052 ｜ **전자우편** book@spoonbook.co.kr
＊10세 이상 어린이 제품

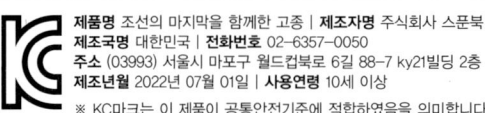

조선의 마지막을 함께한
# 고종

고수산나 글
이은주 그림

스푼북

작가의 말

##  혼란스러운 시대를 살았던 왕, 고종

 조선의 왕 중에서 가장 드라마 같은 인생을 살았던 왕을 꼽으라면 대부분 망설이지 않고 고종을 선택할 것입니다.
 술주정꾼의 아들에서 하루아침에 갑자기 왕이 되었고, 제국주의 강대국들이 나라를 마구 흔들었으며, 아내인 왕비가 끔찍하게 살해당했습니다. 고종 자신도 죽음의 공포 속에서 남의 나라 공사관에 피해 있었지요. 결국 고종은 일제에 의해 강제로 황제의 자리에서 쫓겨났습니다.
 또한 고종은 조선의 왕 중에서 평가가 가장 엇갈리는 왕이기도 합니다. 무능력하고 우유부단한 왕, 부인 명성 황후와 아버지 흥선 대원군 사이에서 갈팡질팡한 왕, 그래서 결국 나라를 빼앗긴 왕이라고 욕하는 사람들이 있습니다.
 하지만 고종은 신문물을 받아들이는 데 적극적이어서 조선의 발전을 앞당겼고 개혁을 이루어 내기도 했습니다. 또한 강대국들의 틈바구니 속에서 나름대로 조선을 지키기 위해 최선을 다했다고 평가되기도 합니다.
 고종은 외세의 침략이라는 거친 파도와 폭풍우에도 조선이라는 배를 지키려고 비바람을 맞으며 싸웠으나 힘에 부쳐 이겨 내지 못했던 것이지요.
 고종이 왕으로 있는 동안에는 조선의 역사에서 복잡하고 힘든 사건들이 많았습니다. 나라 안에서뿐만 아니라, 세계의 많은 나라들이 서로 싸우며 힘겨루기를 하던 혼란스러운 시대였지요.

　그만큼 역사 공부를 할 때 이 시기는 기억할 것도 많고 공부할 것도 많아 힘든 때이기도 합니다. 수많은 외세의 침입과 간섭, 나라 안에서 일어나는 권력 다툼, 그 와중에 들어오는 새로운 문물과 기술. 우리가 책을 읽으며 알아 가기에도 벅찬 이 많은 사건과 관계들 속에서 고종은 얼마나 힘들고 답답했을까 하는 생각이 듭니다.

　고종의 시대는 결국 나라를 빼앗긴 비극의 장으로 남았지만, 우리는 분명하게 이 시대를 알아야 합니다. 그래야 이런 일이 되풀이되지 않도록 힘과 지혜를 기를 테니까요.

　고종이 왜 이렇게 해야만 했을까, 내가 고종이었다면 어떤 결정을 내렸을까를 생각하며 이 책을 읽어 보세요.

　역사에 만약이라는 것은 없지만 여러분이 왕위에 앉은 고종의 입장이 되어 이 책을 읽는다면, 훨씬 더 재미있는 역사 이야기가 될 것입니다.

　　　　　　　　　　　　　　　　　　　　　　　　　　　고수산나

차례

왕가의 자손, 명복 · 8

왕위에 오르다 · 17

흥선 대원군 물러나다 · 27

새로운 문물, 발전하는 조선 · 35

화난 백성들과 다시 일어선 흥선 대원군 · 42

실패로 끝난 갑신정변 · 55

백성들이 일어나다 · 71

조선의 국모가 시해당하다 · 89

러시아 공사관으로 간 고종 · 99

나라를 빼앗긴 치욕스러운 날 · 110

하늘과 땅을 울리는 외침 · 118

# 왕가의 자손, 명복

"저기 저 사람 명복이 아버지 아니야?"

"맞아. 왕실의 자손이라면서 저렇게 대낮부터 술에 취해 다니는 꼴 좀 봐."

서당에 다녀오던 명복이는 친구들이 수군거리는 소리에 고개를 푹 숙이고 걸었다. 아버지는 오늘도 벌게진 얼굴로 고래고래 소리를 질렀다. 구겨지고 삐뚤어진 갓, 어디에서 넘어졌는지 도포에는 흙먼지가 잔뜩 묻어 있었다.

친구들이 명복이와 명복이 아버지를 번갈아 쳐다보았다. 명복이는 아버지를 못 본 척하고 발걸음을 서둘렀다. 나란히 걷던 덕수가 명복이와 발걸음을 맞추려 빨리 걸었다.

"명복아."

덕수가 말을 걸려고 명복이의 옆모습을 힐끔 보았다. 그러다 그냥 말없이 걸었다. 명복이는 그런 덕수가 고마웠다. 역관의 아들이라 명복과는 신분 차이가 났지만 둘은 단짝이었다.

아버지의 술주정 소리가 들리지 않자 명복은 천천히 걸었다.

'사실은 있잖아. 덕수야, 우리 아버지는 그런 사람이 아니야. 세상 사람들이 알고 있는 술주정꾼 이하응이 아니라고.'

명복은 덕수에게만이라도 진실을 이야기해 주고 싶었다.

명복의 아버지는 내로라하는 술주정꾼으로 유명했지만, 집에 들어와서 명복이와 형을 대하는 태도는 아주 달랐다.

"오늘도 글을 열심히 읽었느냐? 너희에게는 이 나라 조선 왕실의 피가 흐르고 있다는 것을 잠시도 잊지 말아야 한다."

아버지가 몇 번씩 매서운 눈초리로 당부할 때마다 명복은 친구들에게 아버지의 진짜 모습에 대해 이야기해 주고 싶은 마음이 굴뚝같았다. 명복이가 속상해할 때마다 형이 여러 번 해 준 이야기를 말이다.

"아버지는 일부러 저러고 다니시는 거야. 아버지가 똑똑한 사람이란 걸 알면 왕가의 사람들이 가만두지 않겠지. 아버지는 우리 집안을 보호하기 위해서 술주정꾼에 싸움꾼 행세를 하시는 거야."

형의 말을 믿지만 명복이는 아버지가 너무 창피할 때가 있었다. 특히 주위 사람들이 혀를 차며 놀릴 때는 말이다.

"쯧쯧. 왕가의 후손이라는 사람이 저렇게 상갓집 개가 되어 다

니니 나라 꼴이 이 모양이지. 상감은 힘이 없고 안동 김씨들의 세상이 되어 버렸잖아."

"그러게 말이야. 벼슬을 사고파는 세상이니 누가 백성을 돌볼 생각을 하겠어. 이씨의 조선인지 안동 김씨의 조선인지 모르겠다니까."

그런 말을 들을 때마다 명복은 덕수에게 아버지에 대해 털어놓고 싶었다. 하지만 아무에게도 말하지 않겠다고 형과 약속했다. 단짝인 덕수에게조차 말이다.

집에 가기 싫어하는 명복이의 마음을 눈치챈 덕수는 명복을 뒷산으로 잡아끌었다. 멋들어지게 휘어진 소나무를 보며 둘은 바위에 걸터앉았다. 시원한 산바람이 두 소년의 어깨를 휘감고 지나갔다.

"명복아, 우리 아버지가 이번에 청나라에 다녀오시면서 여러 가지 선물을 많이 사 오셨어. 청나라에는 서양에서 들여온 물건이 아주 많다더라. 말이 끌지 않아도 혼자서 움직이는 쇠로 된 탈것도 있대. 머리카락이 노란 사람도 있고 눈이 파란 사람도 있대. 거긴 서양인들이 아주 우글우글하대."

"정말? 나도 한번 구경해 보고 싶다."

명복이는 덕수가 들려주는 이야기가 재미있었다. 명복이가 알지 못하는 새로운 세상 이야기를 많이 들을 수 있었기 때문이다.

"서양 사람들은 천주교를 믿는대. 거기에서는 너 같은 왕족하고 나 같은 역관의 자식도 다 평등하다는 거야. 이번에 천주교에 관한 책도 아버지가 많이 가져오셨어. 너한테도 빌려줄까?"

"아니야. 나는 천주교를 몰라도 너랑 친구잖아. 그리고 그거 믿는 거 조심해야 돼. 너도 알잖아."

명복이는 주위를 두리번거리며 말했다.

"알아. 너한테만 이야기하는 거야. 지금 세상이 너무 살기 힘드니까 백성들이 서양 귀신을 믿는 거래. 지금 나쁜 사람들이 벼슬을 하고 있어서 백성들을 못살게 굴잖아."

"안동 김씨들 세상이어서 그렇지, 뭐. 지금 왕은 허수아비라잖아."

명복이는 자신도 허수아비처럼 느껴졌다. 왕손이라는 것이 자랑스럽기는커녕 부끄러울 정도였다.

헌종은 후손을 남기지 못했고 철종에게도 아직 후손이 없었다. 권력을 가진 사람들은 왕가의 후손들 중에서 자신들의 입맛에 맞는 왕을 뽑았었다. 그렇지 않은 왕가의 자손들은 역모(임금이나 나라를 배반하려고 꾀하는 일)로 몰려 죽임을 당하기도 했다.

그래서 명복의 아버지 이하응은 술주정꾼에 싸움꾼 노릇을 했

다. 때로는 구걸을 하며 거지꼴로 다니기도 했다. 권력을 가진 안동 김씨의 눈을 피하기에 충분할 정도로 망가진 모습이었다.

"형, 오늘 서당에서 들었는데 농민들의 난이 갈수록 심해진다지?"

"그래, 탐관오리들이 백성들을 쥐어짜고 있으니 못 살겠다고 난리를 일으킨 거지. 정말 큰일이다. 안에서는 백성들이 들고일어나고 밖에서는 서양 놈들이 자꾸 쳐들어오려고 하니 말이야."

왕실의 외척 세력인 안동 김씨들 때문에 백성들은 가난과 굶주림에 오랫동안 시달렸다.

명복이는 더 이상 힘없는 이씨 왕조의 후손이라는 것이 싫었다. 백성도 나라도 구할 수 없는 왕손이었다.

아버지도 자신도 나랏일과는 아무 상관이 없으니 관심을 가질 필요가 없다고 생각했다. 아버지 이하응이 밤에 몰래 궁궐을 드나든다는 것을 알기 전까지는 말이다.

"형, 아버지는 밤에 어디를 몰래 다녀오시는 거야?"

"쉿! 조용히 해. 어머니와 나누는 이야기를 들었는데 조 대비마마를 만나고 오시는 것 같아."

"대비마마를 왜?"

"지금 상감마마께서 병환으로 위독하시대. 근데 아들이 없어서 다음 왕이 되실 분이 없잖아. 조 대비마마가 그다음 왕을 정할 수 있는 왕실의 웃어른이시거든. 그래서 아버지와 상의하실 게 있나 봐."

명복은 형의 말을 이해할 수가 없었다.

'왕가의 후손들이 많은데 우리 집안까지 순서가 올까? 게다가 아버지는 왕이 되시기에는 나이가 너무 많은 것 같은데……'

명복은 머릿속 복잡한 생각을 털어 버리려 고개를 절레절레 흔들었다.

1863년 12월의 추운 겨울날, 철종 임금이 세상을 떠났다.

아버지 이하응은 명복을 불러 상상도 못했던 말을 전했다.

"명복아, 이제 네가 이 나라의 왕이 될 것이다. 준비하거라."

"네? 뭐, 뭐요? 제가 임금님이 된다고요? 왜요, 어떻게요?"

명복은 입이 다물어지지가 않았다.

"대비마마께서 너를 뽑으셨다. 너를 돌아가신 익종(조 대비의 남편이자 왕위에 오르지 못하고 죽은 효명 세자)의 양자로 삼으셨어."

"아, 아니, 아버지, 저는 이제 겨우 열두 살이에요. 형도 있잖아요?"

명복은 형을 한번 돌아다보며 말했다.

"대비께서는 수렴청정(임금이 어린 나이에 왕위에 올랐을 때 성인이 될 때까지 대비나 대왕대비가 나랏일을 대신 돌보는 것)을 하실 거야. 그러니 네가 어린 것은 상관

없다. 오히려 나이가 많으면 곤란하지. 그래서 네 형은 안 된다."

명복의 형이 고개를 끄덕였다. 이미 사정을 다 알고 있는 표정이었다.

"걱정 말거라. 네가 왕의 소임을 다할 수 있게 이 아비가 책임지고 도울 테니."

이하응은 수염을 쓰다듬으며 미소를 지어 보였다.

너무나 갑작스러운 아버지의 말에 명복은 내내 잠이 오지 않았다. 마당에 나와 달을 보며 한숨을 내쉬었다. 가슴 깊은 곳까지 차가운 바람이 들었다. 명복은 자신이 태어나면서부터 계속 살아온 집을 둘러보며 생각에 잠겼다.

'키 작고 소심한 아이, 술주정꾼의 아들이라고 놀림 받던 내가 이 나라의 왕이 된다면……. 친구들은 뭐라고 할까?'

명복은 아무리 생각해도 자신이 왕이 된다는 사실이 믿어지지 않았다.

'덕수에게는 뭐라고 말하지? 이젠 덕수랑 친구로 지낼 수 없겠지…….'

명복은 얼굴도 마음도 시려지는 것을 느꼈다.

## 왕위에 오르다

1863년 12월, 창덕궁 인정문 마당에 면류관을 쓴 열두 살의 어린 임금이 수많은 신하들 앞에 섰다. 명복 즉, 고종은 신하들을 둘러보다가 가장 앞에 서 있는 아버지를 보았다.

오늘부터 대원군이 된 이하응은 자신을 쳐다보는 어린 아들에게 고개를 살짝 끄덕였다. 흥선 대원군은 조 대비에게 나이 어린 왕을 대신해 나랏일을 도맡으라는 명을 받았다.

흥선 대원군은 왕이 된 둘째 아들을 보며 생각했다.

'이제 조선 천하는 내 것이 되었다. 그동안 나를 손가락질하던 자, 욕하고 무시하던 자들이 다 내 앞에서 무릎을 꿇을 것이다.'

흥선 대원군 이하응은 두 주먹을 불끈 쥐었다. 차례로 늘어선 안동 김씨 가문의 벼슬아치들은 이하응을 얕잡아 본 것을 깊이 후회하고 있었다.

'완전히 뒤통수를 맞았군. 우리를 속이기 위해 주정꾼, 거지

노릇을 했던 거야.'

'저렇게 야심이 가득한 인물인 줄 왜 미처 몰랐을까? 이제 우리 안동 김씨들은 어떻게 되는 걸까?'

권력을 잡았던 벼슬아치들은 자신들에게 어떤 폭풍이 몰아칠까 걱정했다.

어린 임금이 된 명복, 즉 고종은 투호 놀이에 빠져 있었다.

"호호호, 전하. 이번에는 더 멀리 던져 보시지요."

고종의 화살이 저만치 떨어져 있던 항아리에 쏙 들어갔다. 궁녀들이 웃으며 박수를 쳤다.

"전하, 잘하셨습니다."

고종은 고개를 끄덕이며 내관과 궁녀들을 돌아보고 웃었다.

"전하, 경연에 참여할 시간이옵니다. 모두들 기다리고 있사옵니다."

나이 든 내관이 다가와 고개를 조아렸다.

"알았다. 놀았으니 이제 공부할 시간이군."

고종은 남은 화살을 땅바닥에 우르르 쏟았다.

열두 살에 왕이 된 고종은 애초부터 임금 자리는 바라지 않았다. 대원군이 된 아버지가 나랏일을 도맡았기 때문이다. 궁궐에서의 생활은 지루하기만 했다. 덕수랑 뒷산에서 뛰어놀던 때가 그립기도 했다. 고종은 가끔씩 덕수를 궁으로 불렀다.

"덕수야, 고개를 들어 나를 봐도 괜찮다."

하지만 덕수는 이마를 바닥에 닿도록 붙이고 고개를 들지 못했다.

"저, 전하, 아버지께서 조심하라고 하셨습니다. 이젠 친구가 아니라 임금님이시니 조심하고, 또 조심하라고……."

"어휴, 알았다 알았어. 그래도 내가 부를 땐 달려와서 동무들 이야기랑 바깥세상 이야기도 들려줘야 한다."

"그럼요, 전하."

그제야 덕수는 씽긋 웃으며 고개를 조금 들어 이마를 보였다.

"덕수야, 요즘 백성들은 뭐라고 하던? 안동 김씨들의 세상보다는 낫다고 하더냐?"

"마마, 백성들이 모두 입을 모아 전하를 칭찬하고 있습니다."

"내가 아니라 아버지를 칭찬하는 것이겠지. 모두 아버지가 하시는 일이니."

"그래도 전하가 이 나라의 임금님이 아니십니까? 백성들은 상감마마도 대원군 대감마님도 모두 좋아한답니다."

"다행이구나."

고종은 자기 앞에 고개를 조아린 덕수를 내려다보았다. 예전 뒷산에서 나란히 바위에 앉았을 때처럼 덕수가 두 눈을 마주 보

며 이야기를 건넸으면 좋겠다고 생각했다. 자신이 덕수를 그렇게 대하고 있는 것처럼 말이다. '명복아' 하고 이름도 불러 주길 바랐지만 그런 일은 절대로 다시 일어날 수 없었다.

"덕수야, 너희 아버지는 아직도 청나라나 일본에 자주 가시지?"

"네, 마마. 세상이 얼마나 놀랍게 변하고 있는지 이야기해 주신답니다. 저도 역관이 되려고 준비하고 있습니다. 아버지께 말로만 들은 세상을 제 눈으로 직접 보고 싶거든요."

"나도 그래. 이야기로만 들었던 일본, 청나라 그리고 서양의 나라들이 궁금해. 세상이 얼마나 넓은지, 얼마나 놀라운 것들로 가득 차 있는지."

고종은 덕수가 부러웠다. 자신은 왕이지만 궁궐 안에 갇혀 있어 답답했다.

"덕수야, 네가 외국에 나가게 되면 보았던 모든 것들을 나에게 자세히 이야기해 주렴."

"물론입니다, 마마."

덕수도 고종도 그런 날이 빨리 오기를 진심으로 바랐다.

고종은 왕이 될 신분으로 태어나지도, 교육받지도 않았던 터라 궁궐 생활에 적응하는 데 시간이 필요했다. 흥선 대원군은 고종을 대신해 직접 나랏일을 다스리는 데만 관심이 많았다. 아버지의 따뜻한 보살핌은 기대하기가 어려웠다.

"전하, 전하께서는 이 아비만 믿으시면 됩니다. 그동안 임금을 무시했던 안동 김씨들을 다 몰아낼 것입니다."

"네, 아버님이 알아서 해 주세요."

"전하, 이제 전하께서 중전을 맞이하실 때가 되었습니다. 여흥 민씨 가문의 딸을 중전으로 뽑으려고 합니다. 아버지도 오빠도 없고 몰락한 가문이긴 합니다만 그러면 어떻습니까? 그동안 외척 세력 때문에 문제가 많았는데 이제 그런 걱정은 없지 않겠습니까?"

"네, 그것도 휴우…… 아버님이 알아서 하세요."

고종은 왕이었지만 자기 마음대로 할 수 있는 것이 없었다. 나랏일도 결혼도.

'괜찮아, 아버지가 잘하고 계시는걸.'

고종은 스스로 무엇을 해야 할지, 무엇을 할 수 있을지조차 알지 못했다.

흥선 대원군은 권력을 잡자마자 빠르게 개혁 정책을 펼쳐 나갔다.

"백성을 해치는 자라면 공자가 다시 살아난다고 하더라도 용서하지 않겠다."

당시 서원은 나라 살림은 물론 백성들에게도 큰 부담이 되고 있었다. 흥선 대원군은 양반들의 권력 기반인 서원을 없앴다. 600개가 넘던 서원을 겨우 47개만 남겨 놓자, 유학자들이 거세게 반발했다. 그리고 평민에게만 걷던 세금을 양반에게도 걷었다.

"대원군 대감마님 덕분에 이제 우리도 좀 살겠네. 양반들보단 백성들을 위하는 분이시네."

"이제 정말 좋은 세상이 오려나 보군."

백성들은 흥선 대원군을 믿고 따랐지만, 양반들에게서는 흥선 대원군을 원망하는 소리가 높았다.

"아버님, 양반에게 걷는 세금 때문에 반발이 아주 심하다고 들었습니다."

"네, 전하. 알고 있습니다. 지금은 양반의 수가 너무 많아 그들에게 세금을 면제해 주면 일반 백성들의 부담이 너무 커집니다.

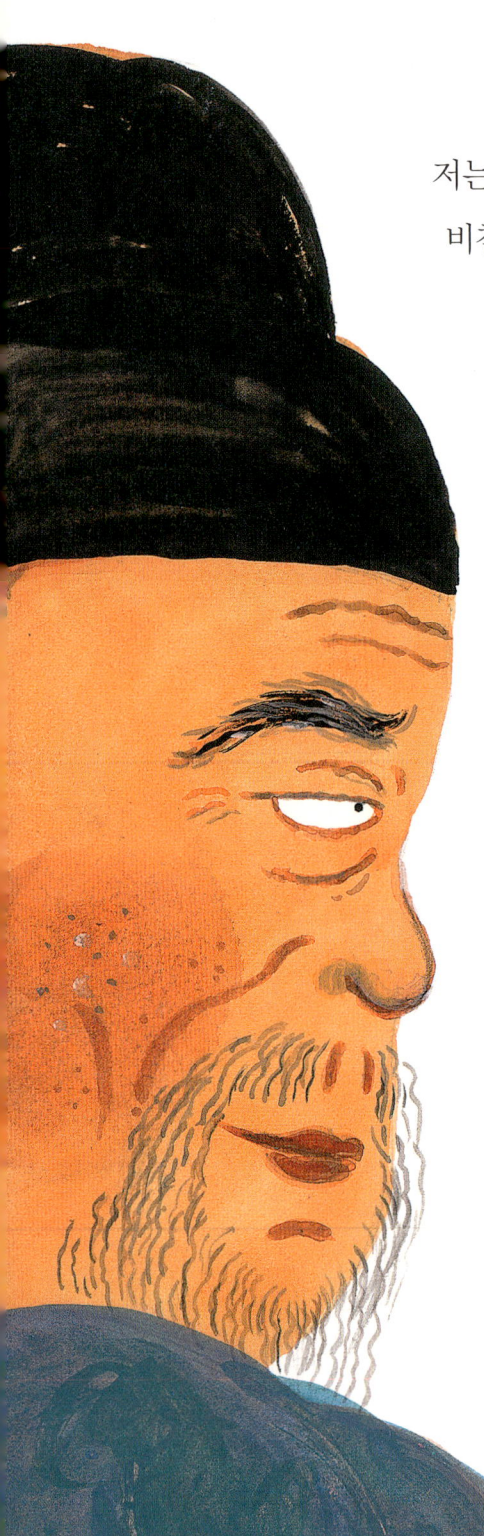

"저는 궁궐에 들어오기 전에 누구보다도 백성들의 비참한 삶을 가까이에서 지켜보았습니다."

흥선 대원군의 말에 고종은 가만히 고개를 끄덕였다.

"아버님 말씀이 맞습니다. 백성에게만 세금을 잔뜩 지게 하는 것은 옳지 않지요."

"전하, 마음을 단단히 먹어야 합니다. 모든 사람을 다 만족시킬 수 없는 것이 바로 정치입니다."

흥선 대원군은 자신의 소신을 거침없이 밀고 나갔다.

'조선을 강한 나라로 만들겠다. 백성들이 살기 좋은 나라로 내가 만들 것이다.'

흥선 대원군은 의지를 불태웠지만 백성들에게도 힘든 세상이 오고 있었다.

"전하, 왕실의 권위를 세우기 위해서는 경복궁을 다시 지어야 합니다. 임진왜란 때 불타 버린 경복궁이 제 모습을 갖출 수 있도록 다시 지어서 전하께서 들어가

셔야지요."

홍선 대원군의 한마디에 다른 신하들은 고개를 들었다 다시 숙였다.

"하지만 그러자면 돈이 많이 들 텐데요."

고종은 신하들이 하고 싶은 말이 무엇인지 알고 있었다.

"전하, 왕실의 권위를 바로 세우기 위해서는 어쩔 수 없습니다."

홍선 대원군은 신하들의 의견은 듣지도 않고 경복궁 중건을 밀어붙였다. 아무도 반박할 수 없었다. 그는 강력한 권력을 쥐고 있는 왕의 아버지였으니 말이다.

각종 세금을 강제로 거둬들이고 경복궁을 짓는 힘든 일에 백성들이 동원되었다. 백성들의 원성이 높아지는 가운데 경복궁은 완성되어 갔다. 조선의 역사와 함께해 온 경복궁은 새 주인을 맞을 준비를 했다.

어느덧 고종이 왕위에 오른 지 5년, 열일곱 살이 되었다. 턱수염이 파르스름하게 돋은 고종은 이제 소년티를 벗고 있었다.

고종은 경복궁 근정전 앞에서 생각했다.

'선조께서는 경복궁을 버리고 의주로 피난을 가셨지. 백성들은 임금이 나라와 자신들을 버리고 떠났다며 원망했었어. 이제 내가 이 경복궁의 주인이 되는구나. 나는 후손들에게 어떤 왕으로 기억될까?'

무슨 일이 있더라도 나라와 백성을 버리지 않을 것이고 후손들에게 욕을 먹는 임금은 되지 않겠노라고, 고종은 근정전을 들어서면서 굳게 마음먹었다.

# 흥선 대원군 물러나다

"저, 전하, 큰일 났습니다."

내관의 목소리가 떨렸다. 그 떨림을 감추기라도 하듯이 두 손을 꼭 잡고 있었다.

"서양인들이 전하의 할아버지가 되시는 남연군의 묘를 파헤쳤다 하옵니다."

"뭐, 뭐라고?"

아버님도 아시느냐, 어찌하고 계시느냐, 도대체 어떤 놈이 감히 왕의 할아버지 무덤을 파헤쳤다는 말이냐, 고종은 묻고 싶은 말이 줄줄이 이어졌지만 목구멍에서 막혀 나오지 않았다.

"대원군마마께서 몹, 몹시도 분노하고 계시옵니다."

내관은 마치 흥선 대원군이 자기에게 화라도 낸 것처럼 벌벌 떨었다. 고종은 아버지 흥선 대원군의 표정이 눈에 선했다. 얼굴이 벌게지도록 소리를 지르며 서양인을 욕하고 있을 것이 분명했다. 프랑스군이 쳐들어온 사건인 병인양요가 일어난 지 겨우 2년이 지났을 때였다.

세상의 중심과 같았던 청나라가 어떻게 서양인들에 의해 쑥대밭이 되었는지 흥선 대원군은 지켜보았다. 결국 서양 세력을 들이지 않고 나라의 문을 꼭꼭 걸어 잠그는 것이 나라를 지키는 일이라고 생각했다.

그런데 오페르트라는 독일인이 나라의 문을 열라고 협박하며 감히 흥선 대원군의 아버지 묘를 파헤친 것이다. 이 소식을 들은 백성들 역시 놀라고 분노했다. 그 충격은 너무나 컸다. 자기 부모의 무덤을 파헤친 것만큼이나 화가 났다.

"내 이럴 줄 알았다. 서양 놈들은 조상도 섬기지 않는 짐승만도 못한 놈들이다. 서양 놈들에게 문을 열어 주는 놈은 나라를 파는 것이나 마찬가지다!"

1866년에 미국의 제너럴셔먼호라는 배가 허락도 받지 않고 대동강으로 들어와 억지로 통상을 요구한 일이 있었다. 조선은 그들을 쫓아냈지만 오 년 뒤, 이 사건을 빌미로 미국이 조선을 침략했다. 하지만 조선의 강력한 저항으로 미국은 물러날 수밖에 없었다.

흥선 대원군의 굳건한 의지에도 불구하고 통상을 요구하는 외국 배들은 점점 늘어났다. 조선은 서양인들과 전쟁을 해서라도 나라의 문을 열지 않으려고 애썼다.

하지만 이미 바깥세상은 큰 변화의 흐름을 타고 있었다. 흥선 대원군이 막기에는 외국 세력들의 힘이 너무 커져 있었다.

한편 왕위에 오른 지 10여 년이 되어 가는 고종은 아버지와는 생각이 달랐다. 무조건 나라의 문을 닫는다고 해서 해결될 문제는 아니라고 판단했던 것이다.

특히 덕수의 말을 들을 때마다 청나라와 일본은 놀랍게 변해 간다는 생각이 들었다.

"전하, 아버지가 그러는데 일본은 서양만큼이나 발전했다고 합니다. 서양 사람들도 일본을 함부로 무시하지 못한답니다."

"그래? 청나라보다 힘이 더 세진 것 같다는 사람들도 있던데, 설마 그건 말도 안 되는 소리겠지?"

고종은 호기심에 가득 차서 물었다.

"청나라 사람들도 일본을 무시하지 못한다고 합니다. 전하, 일본은 조선이 왜라고 부르며 무시하던 그 옛날의 일본이 아니옵니다."

고종은 걱정이 되었다. 일본이 서양만큼 힘이 세다면 조선에게 위협이 될 수도 있기 때문이었다.

고종은 골똘히 생각에 빠졌다.

"서양에는 얼마나 많은 수의 나라가 있다고 하더냐?"

"전하, 세상에는 수많은 나라가 있습니다. 서양에는 조선이 생각하는 것보다 훨씬 많은 나라들이 있습니다. 그리고 서양의 많은 나라들이 조선에 관심이 많다고 합니다."

덕수의 말을 들을 때마다 서양의 많은 나라들이 조선 가까이에 와 있다는 느낌도 들었다.

"서양은 어떻게 청나라보다도 힘이 셀까? 땅의 크기가 클까? 백성들이 더 똑똑한가? 새로운 것들을 많이 만들어 내서 그런 걸까?"

나이가 들수록 고종은 세상에 대한 궁금증이 커졌다. 빨리 많은 것을 알아야 조선을 잘 다스릴 수 있을 것 같았다.

궁궐 안에는 자신을 허수아비 취급하는 사람들이 대부분이었다. 모두들 흥선 대원군의 눈치만 보고 있었다.

외로운 고종에게는 다행히 중전이 있었다. 명성 황후는 아버지가 골라서 짝지어 준 부인이었다. 고종은 자신의 말을 잘 들어주는 명성 황후에게 조금씩 마음을 열었다. 아는 것이 많고 세상 돌아가는 것을 아는 똑똑한 여인이었다.

명성 황후는 청년이 된 고종에게 힘을 실어 주었다. 고종은 고집이 세고 꽉 막힌 듯한 흥선 대원군보다는 명성 황후의 의견을 더 잘 들었다.

"전하, 이 나라는 아버님의 나라가 아닙니다. 전하의 나라입니다. 전하는 이제 성인이니 혼자서도 충분히 나라를 잘 다스리실 수 있을 것입니다."

"중전이 나를 도와준다면 나도 혼자서 할 수 있을 것이오."

흥선 대원군은 친정의 권력이 없어서 명성 황후를 며느리로 골랐지만 명성 황후는 스스로 권력을 만들어 가고 있었다.

"전하, 아무리 문을 걸어 닫아도 밖에서 미는 힘이 크면 문이 통째로 무너지게 되어 있습니다. 조선을 넘보는 나라들이 많은 때에 우리 혼자 웅크리고 있어서는 절대로 아니 됩니다."

명성 황후는 고종에게 적극적으로 조언했다.

명성 황후는 흥선 대원군과 사이도 좋지 않았지만 나랏일에 대한 의견도 대원군과 아주 달랐다. 명성 황후는 세상이 이미 강대국의 힘으로 움직이고 있다는 것을 알았다.

고종이 흥선 대원군에게 맞설 수 있도록 명성 황후는 자신의 편을 만드는 데 힘썼다. 민씨 가문은 물론이고 대원군의 형과 그 아들, 조 대비의 조카까지 자신의 편이 되게 했다.

"전하, 지금이라도 서양에 문을 열어 발전된 문물을 받아들여야 합니다. 모든 서양인들을 적으로 만들면 이 땅엔 전쟁만 있을 뿐입니다. 그들과 전쟁을 한다면 조선은 이길 수 없습니다. 지난 병인양요와 신미양요를 보셨지 않습니까?"

"그렇소, 중전. 겨우 그들의 침입을 막아 내긴 했지만 그들이 가진 무기는 우리와는 비교도 되지 않았지. 그들이 마음먹고 군대를 데려온다면 조선은 힘없이 무너질 것이오. 하지만 아버님이 저렇게 반대하시니……."

고종은 망설였다.

"그럼 가장 먼저 걸림돌부터 치워야겠습니다. 조선의 발전을 위해서 말이에요."

고종과 명성 황후는 흥선 대원군을 끌어내리기로 했다.

나라 안에서는 서원 철폐를 반대하는 양반들과 싸우고 나라 밖으로는 호시탐탐 조선을 노리는 서양 세력들과 싸우느라 흥선 대원군은 바쁘고 힘든 나날을 보내고 있었다. 그래서 고종이 훌쩍 자란 것을 깨닫지 못했다. 사이는 좋지 않았지만 책만 읽는 줄 알았던 며느리가 남편인 고종을 앞세워 자신을 몰아낼 계획을 가지고 있다는 것도 몰랐다.

명성 황후는 흥선 대원군을 원망하고 있던 유생들을 움직였다. 많은 사람들에게 존경받는 선비인 최익현은 흥선 대원군이 물러나고 고종이 정치를 해야 한다는 상소를 올렸다. 고종은 기다렸다는 듯이 흥선 대원군을 궁궐에 들어오지 못하게 했다.

"아니, 내 아들이! 이럴 수가……. 그 자리가 누가 만들어 준 임금의 자리인데!"

하루아침에 모든 권력을 잃어버린 흥선 대원군은 허탈감과 배

신감에 몸을 떨었다.

"내가 누군지 모르겠느냐? 어서 전하를 뵐 수 있게 청하여라!"

"죄송합니다, 대원군마마. 전하께서 허락하지 않으셨습니다."

왕의 명령이니 천하의 흥선 대원군도 어쩔 수가 없었다. 조선을 쥐고 흔들던 흥선 대원군은 힘을 잃었다. 자신의 아들과 자신이 고른 며느리에 의해 궁에서 쫓겨나고 말았다.

한편 고종은 흥선 대원군과는 달리 새로운 문물을 적극적으로 받아들이고자 했다. 조선은 고종과 함께 새로운 세상의 문을 열었다.

## 새로운 문물, 발전하는 조선

궁에서 아버지를 몰아내고 이제야 왕다운 왕이 된 고종은 어깨가 무거웠다.

'중전과 함께 조선을 잘 이끌어 나가야지.'

고종은 모든 나랏일을 명성 황후와 의논했다.

흥선 대원군이 물러난 자리에는 명성 황후와 가까운 사이인 민씨 세력들이 들어섰다. 흥선 대원군이 그리도 막으려고 했던 외척들이 다시 권력을 잡은 것이다.

권력을 잡은 여흥 민씨들은 옛날의 안동 김씨가 그랬던 것처럼 자기 사람들로 벼슬자리를 채웠다. 고을의 작은 벼슬자리도 여흥 민씨들에게 돈을 바쳐야 살 수 있었다.

"누가 권력을 잡아도 죽어나는 건 백성들이구먼."

백성들은 가난과 굶주림으로 지쳐 갔고, 나라 곳간은 텅텅 비었다.

흥선 대원군이 물러나자마자 가장 먼저 조선을 넘본 나라는 일본이었다.

일본은 메이지 유신으로 서양 문물을 일찍 받아들여 조선보다 훨씬 발전해 있었다. 그들은 자신만만하게 군함을 이끌고 강화도로 쳐들어왔다. 일본은 어떻게 해서든지 조선을 침략할 구실을 만들려고 했다.

"먼저 우리가 공격하지 말고 조선이 우리를 공격하도록 함정에 빠뜨려야 해. 그래야 전투를 벌일 수 있어."

일본의 운요호는 조선의 허락 없이 작은 보트를 내려 강화도에 접근했다. 마치 금방이라도 강화도에 들어올 것처럼 포대 앞에서 얼쩡거렸다.

"아니, 저놈들이 겁도 없이 남의 나라에 함부로 들어오려고 해!"

강화도를 지키는 조선 수비군은 경고의 의미로써 대포를 발사했다.

"우리에게 대포를 쏘았다 이거지? 하하, 우리가 계획한 대로 되어 가는군."

기다리고 있던 일본군은 강화도의 요새인 초지진에 최신식 대포를 마구 쏘아 댔다. 조선군은 목숨을 바쳐 열심히 싸웠지만 일본군이 가진 최신식 무기는 너무 셌다. 구식 대포만을 가지고 있던 조선군은 손을 써 보지도 못하고 당했다.

그런 뒤에 일본군은 강화도에 들어와서 조선인들을 마구 죽이고 마을에 불을 질렀다. 그리고 백성들이 기르던 가축들을 잡아갔다.

운요호 사건을 들은 고종은 놀라고 화가 났다. 더 황당한 것은 일본 배들이 공격을 받았다며 강화도로 쳐들어온 것이었다. 방귀 뀐 놈이 성을 내는 꼴이었다. 조선 땅에 함부로 들어와 백성들을 해친 일본은 오히려 자신들이 피해를 입었다고 항의했다.

조선은 일본의 뻔뻔스러운 요구에 어떻게 대처해야 할지 갈팡질팡했다.

"전하, 신중하게 생각하셔야 합니다. 저들은 우리 조선과는 비교도 되지 않는 강한 대포를 가지고 있습니다."

고종은 덜컥 겁이 났다. 그러면서 임진왜란 때 왜놈들의 조총에 속수무책으로 당했던 치욕의 역사가 떠올랐다.

"그, 그들이 무엇을 원하는지 알아보거라."

고종의 명령으로 신하들은 일본 대표를 만났다. 일본은 조선에게 굴욕적인 조약을 맺길 원했다. 우리의 바다를 일본이 마음대로 조사하고, 개항장에서 일본인들이 자유롭게 장사할 수 있게 해 달라는 요구였다. 게다가 이 조약대로라면 일본인들이 범죄를 저질러도 우리나라에서 처벌할 수가 없었다. 강화도 조약

은 우리에게 불리한 매우 불평등한 조약이었다.

"전하, 일본에게는 최신식 무기가 있사옵니다. 그들의 요구를 들어주지 않으면 조선에 무슨 짓을 저지를지 모릅니다."

"네, 전하. 괜히 저들하고 전쟁을 해 봤자 우리만 피해가 클 것입니다. 저들의 요구를 그냥 들어주셔야 합니다."

고종도 신하들의 의견이 맞다고 생각했다. 최신 무기를 앞세워 강하게 나오는 일본은 위협적이었다.

조선은 준비가 되어 있지 않은 상태에서 일본에 의해 강제로 나라의 문을 열어야 했다.

"이왕 이렇게 된 것, 우리도 일본을 보고 배워야 할 것은 배워야지."

고종은 일본이 어떻게 서양 문물을 받아들였는지, 그래서 지금 얼마나 발전했는지 알아보려고 수신사를 일본으로 보냈다.

고종은 새로운 변화를 앞장서서 이끌었다. 발전한 일본의 이야기를 들으니 마음이 급했다.

그 후 고종은 미국과 수호 통상 조약을 맺고 미국에도 신하들을 보내 새로운 문물을 접하게 했다. 이로써 미국과 일본으로 건너가 새로운 학문을 배우는 유학생과 외교관들이 생겼다.

영국, 독일과도 조약을 맺고 그 후로 러시아, 프랑스와도 조약을 맺었다. 모두가 조선에 불리한 조약이었다.

하지만 고종에게는 그것이 우리에게 유리한 조약이었느냐 불리한 조약이었느냐를 따질 시간이 없었다. 너무나 뒤쳐진 조선을 구하려면 강대국들이 이끄는 대로 따라 뛰어야 했다. 조선의 뜻대로 움직이기에는 서양 강대국들의 힘이 너무나 컸다.

## 화난 백성들과 다시 일어선 흥선 대원군

고종은 개화 정책의 하나로 구식 군대와는 별도로 별기군이라는 신식 군대를 만들었다. 신체 건강한 남자들로 이루어진 별기군은 일본 교관에게 특별 훈련을 받았다. 하지만 그들을 바라보는 구식 군인들의 눈길은 곱지 않았다.

"별기군 놈들은 일본에서 들여온 최신식 소총으로 훈련을 받는다는구먼."

"옷부터가 우리하고는 완전히 다르잖아. 급료도 우리 구식 군인들보다 훨씬 많이 받는다면서?"

"별기군은 임금님이 특별히 신경 쓰시는 군대잖아. 특별 대접을 해 준다는구먼."

나라에서 구식 군대와 별기군을 차별하자 구식 군대의 군인들은 불만이 많았다. 그러다 나라의 살림이 어려워지자 구식 군대의 군인들은 급료를 받지 못했다.

"우리는 벌써 일 년 넘게 급료를 받지 못했소. 별기군은 급료를 매달 꼬박꼬박 받는데 정말 너무하는 거 아니오?"

구식 군인들의 불만이 커지자 1882년 6월, 한 달 치 급료가 지급되었다.

"어휴, 13개월이나 밀렸다 이제 주는군."

"그동안 우리는 여기저기서 쌀을 꾸어다 먹느라 빚만 잔뜩 졌는데, 겨우 한 달 치로 어떻게 먹고살라고!"

그런데 차례차례 급료를 받은 구식 군인들은 쌀자루를 열어 보고는 깜짝 놀랐다.

"이, 이게 뭐야? 쌀은 별로 없고 겨와 모래가 잔뜩 섞여 있잖아?"

구식 군인들은 쌀자루를 내동댕이쳤다. 바닥에 쏟아 버리는 사람들도 있었다.

"준다는 게 겨우 이거야?"

"우리는 어떻게 살라고! 얼마나 우리를 무시했으면 이럴 수가 있지?"

구식 군인들은 바닥에 쏟아진 쌀자루를 발로 찼다. 그동안 별기군에 비해 차별받았던 설움이 한꺼번에 몰려왔다.

몇몇 구식 군인들이 거세게 항의했다. 하지만 그들은 보상을 받기는커녕 감옥에 갇히고 말았다. 이 소식을 들은 구식 군인들은 더욱더 흥분했다.

"미안하다고 하지는 못할망정 우리를 죄인 취급하다니!"

"이렇게 더는 못 사네. 이젠 참지 않을 거야."

화가 난 구식 군인들은 민씨 세력가들의 집에 들이닥쳐 집안의 살림살이를 부수었다. 구식 군인들이 반란을 일으키자 살기가 어려웠던 가난한 백성들까지 이들과 힘을 합쳤다.

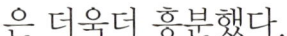

이 기회를 홍선 대원군이 놓칠 리 없었다. 홍선 대원군은 자기 사람들을 풀어 성난 군중들과 함께 움직이도록 지휘했다.
　"대원군마님, 저희가 모시겠습니다. 다시 힘을 가지셔야 백성들이 잘 살 수 있을 것입니다."
　군중들은 궁궐로 향했다.
　"이게 다 민씨 일가의 우두머리인 왕비 때문이야. 왕비를 죽여야 한다고!"

분노로 가득 찬 군중들은 명성 황후가 있는 창덕궁으로 쳐들어갔다. 정권을 잡은 민씨 세력의 뒤에 명성 황후가 있다고 믿었기 때문이다.

그 소식을 들은 궁은 발칵 뒤집혔다. 궁녀들이 허겁지겁 뛰어 들어왔다.

"중전마마, 어서 피하셔야 합니다. 폭도들이 궁궐 안에 들어오고 있습니다. 마마를 잡으러 온다 합니다."

"전하는, 전하는 어디 계시느냐? 세자, 세자는 괜찮은 것이냐?"

"군중들이 벌써 돈화문으로 들어와서 중전마마를 찾고 있사옵니다."

명성 황후는 신분을 감추려고 궁녀의 옷으로 갈아입고 나섰다. 이미 저만치서 횃불을 든 군중들이 보였다. 횃불도 성난 것처럼 이글거렸다. 궁궐 이곳저곳에는 궁녀들이 쓰러져 있고 피비린내가 코를 찔렀다. 명성 황후는 속이 뒤틀렸다.

"이제 꼼짝없이 죽게 생겼구나."

벌벌 떨던 궁녀들과 명성 황후는 어쩔 줄 몰랐다. 횃불이 점점 다가오자 궁녀들 중에는 땅바닥에 주저앉는 사람들도 있었다.

마침 대궐에 들어온 흥선 대원군의 부인이자 고종의 어머니인 여흥부대부인이 그 모습을 보고 가마를 내주었다.

'아무리 남편의 적이라지만 이 나라의 중전이고 내 며느리 아닌가. 더구나 내 민씨 집안사람인 것을…….'

명성 황후는 궁녀로 변장해 가마를 타고 궁궐을 빠져나갔다. 친척 집으로 도망쳐 간신히 목숨을 건졌다.

궁에 들어온 군인들은 궁녀, 내관, 벼슬아치들을 가리지 않고 마구 칼을 휘둘렀다.

이 소식을 들은 고종은 벌벌 떨었다.

"어찌 이런 일이 있단 말이냐! 이러다가 이놈들이 임금인 나마저도 죽이겠구나. 이놈들이 이렇게 무모하게 행동하는 걸 보면 분명히 믿는 구석이 있는 거야. 그래, 분명히 군인들 뒤에는 아버님이 계실 거야."

고종은 서둘러 신하를 불렀다.

"어서 아버님을 빨리 모셔 오너라. 이 일을 해결할 수 있는 사람은 아버님뿐이다."

고종은 흥선 대원군이 궁으로 오는 동안 내관들의 보호를 받으며 숨어 있었다. 누구도 명성 황후의 소식을 전해 주지 않아 마음이 불안했다.

"중전, 어디에 있소? 중전이 살았는지 죽었는지도 모른 채 이렇게 갇혀 있구려."

고종은 군인들과 백성들의 발에 짓밟힌 궁 한편에서 두려움에

떨었다.

　흥선 대원군은 기다렸다는 듯이 의기양양하게 궁궐로 돌아왔다. 아버지 흥선 대원군을 보자 고종은 마음을 놓았다. 두려움과 서러움마저 없어지진 않았지만 목숨은 구했다는 생각이 들었다.

　"아버님, 이제 아버님이 알아서 처리해 주십시오."

　고종은 모든 걸 포기하는 마음으로 말했다.

　"걱정 마세요, 전하. 제가 왔지 않습니까? 이 아비가 원래대로 다 돌려놓겠습니다. 소식이 없는 걸 보니 중전이 세상을 떠난 것 같습니다. 장례 준비도 해야겠군요."

　흥선 대원군은 명성 황후를 죽은 사람 취급하며 서둘러 시신도 없는 장례식을 치르려 했다.

　흥선 대원군이 다시 권력을 잡고 난리가 수그러든 어느 날이었다. 시골에 숨어 있던 명성 황후는 고종에게 비밀 편지를 보냈다.

*전하, 저는 무사하옵니다. 제가 청나라에 도움을 청해 모든 것을 바로잡겠습니다. 기다리시옵소서.*

　죽은 줄만 알았던 명성 황후에게서 연락이 왔다. 고종은 명성 황후의 글씨체를 금방 알아보았다. 편지를 보자 고종은 안심이 되고 반가웠다. 동시에 아버지인 흥선 대원군이 원망스러워졌다.

고종은 명성 황후의 편지를 손에 꼭 쥐었다.

'아버지는 자신의 권력 욕심 때문에 며느리인 왕비를 없애고 싶어 해. 아니, 왕비뿐 아니라 나까지도 몰아내실지 모르지.'

고종은 아버지보다 명성 황후를 믿었다.

8년이 넘는 시간을 기다린 흥선 대원군은 성난 군인들을 진정시켰다. 흥선 대원군의 복귀 소식을 듣고 마음을 놓은 군인들과 군중들은 스스로 집으로 돌아갔다.

조선은 다시 8년 전으로 돌아갔다. 고종이 추진하던 개화 정책은 중단됐고, 없앴던 제도들은 다시 부활했다.

일본은 임오군란을 핑계로 군인 약 1500명을 조선에 보냈다.

"이번 난리로 우리 일본의 교관과 백성들이 몇십 명이나 죽었소. 앞으로 우리는 일본 사람들을 보호하기 위해 조선에 머물러야겠소."

조선은 일본 군인들이 우리 땅에 머무르는 것이 몹시 불안했다. 그것은 청나라도 마찬가지였다. 청나라는 언제나 조선이 자기들 손아귀에 있다고 생각했다.

그런데 자꾸만 일본이 눈독을 들이는 것 같아 마음이 불편했다. 청나라는 일본의 약 3배나 되는 규모인 4500여 명의 군사를 조선에 보냈다.

흥선 대원군은 청나라 군인들이 오면 일본군을 몰아낼 수 있을 것이라고 생각했다.

청나라 군인들도 조선에 오자마자 흥선 대원군을 찾아왔다.

"대원군 대감, 저희가 왔으니 걱정 마십시오. 어떻게든 일본군들을 조선에서 몰아내겠습니다."

"청나라 군대가 오니 정말 든든하군. 잘 부탁하오."

흥선 대원군은 자기에게 깍듯하게 대하는 청나라 장군들이 마음에 들었다.

"대원군 대감, 저희 군대를 방문해서 병사들을 보시는 게 어떻겠습니까? 대원군의 방문이 저희에게는 큰 격려가 될 것입니다. 더불어 대원군께도 믿음을 드릴 수 있지 않겠습니까?"

흥선 대원군은 청나라 군인들의 초청을 흔쾌히 받아들였다. 다음 날 흥선 대원군은 가벼운 마음으로 청나라 군대에 방문했다.

흥선 대원군이 청나라 막사로 막 들어갔을 때였다. 청나라 군인들이 흥선 대원군 곁으로 다가오더니 갑자기 총칼을 들이댔다.

"아니, 이게 무슨 짓이냐?"

청나라 군인들은 놀라는 흥선 대원군을 납치해 그길로 청나라로 데려가 버렸다. 이때부터 흥선 대원군은 청나라에 갇혀서 몇 년간 꼼짝 못 하는 신세가 되었다. 청나라는 흥선 대원군보다는 명성 황후가 자기 나라에 도움이 되리라고 판단했던 것이다.

흥선 대원군이 사라지자마자 청나라 군인들의 보호를 받으며 명성 황후가 궁궐로 들어왔다.
　"중전, 그동안 정말 고생이 많았소. 이렇게 살아서 다시 만나니 무척 기쁘구려."
　"네, 전하. 이제 다시 전하의 조선을 잘 다스리셔야 합니다."
　청나라 군인들은 고종과 명성 황후의 요구대로 난리를 일으킨 군인들을 잡아들였다.
　임오년에 일어난 군인들의 난리는 그렇게 끝이 났다. 흥선 대원군을 처리하고 명성 황후를 구해 다시 권력을 잡도록 도운 청나라는 기세가 등등했다.
　하지만 청나라는 명성 황후가 믿었던 것처럼 일본으로부터 조

선을 구해 줄 친구가 아니었다. 청나라도 조선을 넘보는 약탈자 중 하나였을 뿐이었다.
 "저희가 똑똑한 사람을 추천할 테니 그 사람에게 벼슬을 주세요."

청나라 군대를 지휘한 위안스카이는 자기 나라의 명령을 받는 독일인을 조선의 외교 고문 자리에 앉혔다. 나라의 중요한 벼슬자리는 청나라를 지지하는 사람들로 채워졌다.

청나라는 자신들이 원하는 계약을 맺어 조선을 마음대로 주무르려고 했다. 그러면서 청나라 상인들이 조선에서 마음껏 장사를 할 수 있게 되었다. 갈수록 청나라의 간섭은 더욱 잦아졌다.

"이 나라가 조선인지 청나라인지 알 수가 없구먼."

백성들은 위안스카이와 청나라 상인들을 두려워했다. 백성들의 삶은 여전히 어렵고 고달팠다.

"살기 좋았던 때가 언제였는지 모르겠네."

"살기 좋았던 때가 있기는 했나? 나는 태어날 때부터 가난해서 굶주렸네. 우리 부모님들도 힘들게 살았다던데, 언제나 좋은 세상이 오려나……."

백성들은 너무나 지쳤다. 일본이 오든 청나라가 오든 달라지는 것은 없었다. 흥선 대원군이 권력을 잡든 명성 황후가 권력을 잡든 백성들이 여전히 굶주리고 짓밟히는 건 마찬가지였다. 그것이 조선 백성들의 삶이었다.

## 실패로 끝난 갑신정변

"청나라의 간섭과 민씨 세력의 사대 때문에 조선의 발전이 너무나 늦어지고 있소."

"게다가 주상 전하는 개화보다는 왕실의 안정에만 더 힘을 쏟고 계시지 않소?"

"조선도 일본처럼 빨리 발전해야 할 텐데 정말 큰일이오. 이대로 있으면 조선은 청나라에 먹히고 말 텐데······."

청나라를 물리치고 조선을 빨리 발전시켜야 한다고 주장하는 개화파 젊은이들이 있었다. 김옥균, 박영효, 서재필 등은 나라를 다시 일으키려면 청나라에 휘둘리는 민씨 세력을 몰아내야 한다고 생각했다.

"일본이 우리를 도와줄 것이오. 청나라를 몰아내고 싶어 하는 건 일본도 마찬가지니까."

개화파 젊은이들은 비밀스럽게 모여 큰일을 꾸몄다. 일본 공사와 연락을 하고 비밀 조직원들에게 할 일을 지시했다. 수가 많진 않지만 신식 군대도 데리고 있었다.

　김옥균은 거사를 일으키기 며칠 전 고종을 찾아갔다.
　"전하, 지금 이 나라는 청나라의 간섭을 너무나 많이 받고 있습니다. 또한 청나라를 등에 업은 민씨 세력들이 중요한 벼슬을 다 차지하고 있지요. 그들을 몰아내시어 조선을 반듯한 자주 국가로 세우셔야 합니다. 모두 물갈이를 하고 새로운 사람들을 들이셔야 합니다."
　"경의 말이 맞소. 뭔가 새로운 인물들이 필요하지. 나라가 위험에 빠질 때는 꼭 경을 찾도록 하겠소."
　고종은 평소 김옥균을 믿고 있었다. 조선의 개화에 적극적인 인물 중 하나였기 때문에 고종은 김옥균에게 높은 벼슬을 주었다.
　고종은 김옥균이 무슨 일을 꾸미는지 알지 못했다. 그래서 김옥균의 말에 고개를 끄덕였던 것이다.
　'전하는 우리 개화파의 편이 되어 주실 거야.'
　김옥균은 고종이 자기편이 되어 줄 거라 믿으며 물러났다.
　고종은 김옥균의 말을 대수롭시 않게 생각했다. 밖에는 옛 친구 덕수가 자기의 아들을 데려와서 기다리고 있었다.
　김옥균이 나가자 덕수가 들어왔다. 덕수 뒤로 키가 크고 얼굴이 까맣게 그을린 남자아이가 고개를 숙이고 따라 들어왔다. 또랑또랑한 눈에 이마가 툭 튀어나온 것이 덕수를 쏙 빼닮았다.

"전하, 제 아들 상호이옵니다."

고종은 씩씩하고 건강해 보이는 아들을 둔 덕수가 부러웠다. 명성 황후에게서 얻은 아이들은 어린 나이에 세상을 떴다. 간신히 얻은 세자도 몸이 약했다.

"이놈이 서양말을 배운다고 선교사들한테 들락거리고 있습니다."

덕수의 말투에서 영특한 아들을 자랑스러워한다는 것을 알 수 있었다.

"상호야, 내가 나중에 미국이나 영국 사람과 이야기할 일이 있을 때 네가 도와주렴."

"네, 전하. 그때까지 열심히 배우겠습니다."

상호의 반짝이는 눈을 본 고종은 흐뭇했다.

'어린 아이에게도 세상은 빠르게 돌아가는구나. 암, 그렇게 따라가고 적응해야 살아남지.'

고종은 고개를 끄덕거렸다.

며칠 후, 우정총국에서는 큰 잔치가 열렸다. 근대식 우편 업무를 담당하는 기관인 우정총국이 문을 연 것을 축하하는 잔치였다.

잔치에는 조선 음식과 서양 음식이 함께 준비되었다. 우정총국에는 각 나라의 외교관들과 조선의 외교 고문을 맡은 묄렌도르프, 민영익 등 민씨 세력들이 많이 모여 있었다.

"이제 조선도 우편 업무를 하게 되었군요. 외국으로도 우편물을 보낼 수 있게 되었어요."

사람들은 음식과 술을 먹고 마시며 잔치를 즐겼다. 날이 어두워지고 분위기가 한창 무르익었다.

사람들의 웃음소리가 우정총국에 가득 찼을 때였다.

"불이야, 불이야!"

밖에서 불이 났다고 외치는 사람들의 소리가 들렸다.

"무슨 일이지? 내가 가서 알아보겠소."

가장 먼저 우정총국 밖으로 뛰쳐나간 민영익은 숨어서 기다리고 있던 자객의 칼을 맞았다. 우정총국 가까이에 있던 민가에 불을 질러 사람들을 속이려는 개화파의 작전이었다.

민영익은 피를 흘리며 다시 안으로 들어갔고 잔치를 즐기던 사람들은 놀라 비명을 지르기 시작했다. 뛰쳐나오는 사람들과 식탁 밑으로 숨는 사람들, 비명을 지르는 사람들로 연회장은 아수라장이 되었다.

갑신정변은 그렇게 시작되었다.

우정총국에서 한바탕 난리가 나 있을 때 김옥균과 개화파 인물들은 고종과 명성 황후가 있는 창덕궁으로 몰려갔다.

　김옥균은 자고 있는 고종과 명성 황후를 깨웠다.

　"전하, 전하! 큰일 났습니다. 우정총국에서 큰 난리가 일어났습니다. 사람들이 죽고 다쳤습니다. 어서 피하셔야 합니다."

　"뭐, 뭐라고? 도대체 누가?"

　고종과 명성 황후는 놀라서 벌떡 일어났다.

　그때 궁궐 한쪽에서 무시무시한 폭발 소리가 들렸다. 미리 개화파들과 계획을 짠 궁녀가 창덕궁에서 폭약을 터뜨렸던 것이다.

　"아, 아니, 이게 무슨 소린가?"

　고종은 세상이 무너지는 듯한 소리에 주저앉았다.

　'이것은 또 무슨 난리란 말인가?'

　고종과 명성 황후는 임오군란 때의 악몽이 되살아나서 몸서리를 쳤다.

　김옥균은 겁에 질린 고종과 명성 황후를 재촉했다.

　"전하, 시간이 없습니다. 어서 여길 떠나셔야 합니다."

　너무 놀란 고종은 생각할 시간도 마음의 여유도 없었다. 빨리 안전한 곳으로 피해야 한다는 생각뿐이었다.

　고종과 명성 황후, 궁녀와 내관들은 김옥균이 시키는 대로 움직였다.

"일단 경우궁으로 피하십시오. 제가 얼른 일본군에게 도움을 청하겠습니다."

김옥균의 말에 명성 황후가 나섰다.

"청나라에 도움을 청하는 것이 좋겠어요."

명성 황후는 김옥균에게 다짐을 받듯이 말했다. 명성 황후는 자기편인 청나라에 의지해야 한다고 생각했다.

명성 황후의 눈치를 보던 김옥균은 얼른 대답했다.

"네, 중전마마. 청나라 군대에도 연락을 하겠습니다. 지금은 두 분의 안전이 제일 중요합니다. 제가 올 때까지 조심히 숨어 계셔야 합니다."

아무것도 보이지 않는 깜깜한 밤에 고종과 명성 황후는 정신없이 궁궐을 빠져나왔다. 존재하지 않는 적을 피해 도망쳤다. 궁녀와 내관 몇 명만이 고종과 명성 황후를 따라 움직였다.

고종이 경우궁에 피신해 있다는 이야기를 들은 신하들은 고종을 찾아 뛰어왔다. 민씨 세력들이 대부분이었다. 김옥균은 부하들을 시켜 임금을 찾아온 그들을 모두 죽였다.

개화파들은 고종과 명성 황후를 찾아왔다. 그때까지 고종과 명성 황후, 궁녀들은 두려움에 벌벌 떨고 있었다. 적이 보이지 않아 더욱 무서웠다.

"전하, 저희가 조선의 발전에 걸림돌이 되는 자들을 모두 없앴습니다. 이제 안심하셔도 됩니다."

"아니, 그게 무슨 소리인가?"

아직도 무슨 말인지 몰라 어리둥절해하는 고종에게 김옥균은 자신들이 한 일을 낱낱이 이야기했다.

"저희가 청나라를 등에 업고 권력을 휘두르는 민씨 세력을 해치웠습니다. 이제 오롯이 전하의 조선이 될 것입니다."

명성 황후는 눈가가 파르르 떨렸다. 그것을 감추기 위해 두 눈을 꼭 감았다.

'이놈들이, 이놈들이 내 집안사람들에게 무슨 짓을 한 거지?'

김옥균은 놀라서 입을 다물 줄 모르는 고종에게 이야기했다.

"지금 이대로는 조선이 발전할 수 없습니다. 청나라에 질질 끌려다니며 아무것도 못 하고 있지 않습니까? 빠른 시일 내에 조선을 통째로 바꾸어야 합니다. 저희가 전하를 대신해서 모든 것을 개혁하겠습니다. 전하께서는 저희만 믿으시면 됩니다."

고종은 그 자리에서 벌떡 일어났다.

"그럼 너희들이 난을 일으켜 놓고 나를 속여 여기까지 끌고 왔다는 말이냐? 조정의 벼슬아치들을 마구 죽이고, 나와 중전을 거짓으로 속여 겁을 주었다고?"

고종은 온몸이 부르르 떨렸다.

"전하, 어쩔 수 없었습니다. 제대로 된 개혁을 하려면 피를 부를 수밖에 없었습니다."

고종은 몹시 화가 났지만 어쩔 수가 없었다. 칼을 든 김옥균의 부하들이 경우궁을 에워싸고 있었기 때문이다. 눈앞의 김옥균마저 칼을 들고 있었다.

'이놈들이 나를 얼마나 우습게 보았으면 이런 짓을 한단 말인가? 왕을 속여 궁궐에서 끌어내 함부로 끌고 다니다니!'

고종은 이들을 절대로 용서하지 않으리라 생각했다. 그들의 뜻이 무엇이었든 그들의 마음이 얼마나 진심이었든 고종에게는 중요하지 않았다.

고종은 왕을 허수아비로 만든 개화파 일당을 모두 가만두지 않겠다고 결심했다.

날이 밝자 김옥균과 서재필, 박영효 등은 높은 자리의 벼슬아치들을 개화파 사람들로 바꾸었다. 중요한 자리를 차지한 개화파는 자신들의 성공을 기뻐했다.

"전하, 걱정 마십시오. 곧 청나라 군사들이 우리를 구하러 올 것입니다."

명성 황후가 속삭이며 고종을 안심시켰다. 고종보다 더 화가 난 사람은 명성 황후였다. 개화파가 일으킨 사건은 청나라에 의지하는 자신을 겨냥한 것이기도 했기 때문이다.

"이놈들이 개화를 핑계 삼아 반역을 꾸민 것이옵니다."

"맞소, 중전. 내 이놈들을 절대로 살려 두지 않겠소."

"일단 이 좁은 경우궁에서 나가야 할 것 같습니다. 넓은 궁궐로 돌아가야 청나라 군인들이 들어오기 쉬울 것입니다."

명성 황후는 경우궁을 지키는 일본 공사와 김옥균에게 창덕궁으로 보내 달라고 요구했다. 김옥균의 반대에도 일본 공사는 자신들이 성공했다고 믿고 고종과 명성 황후를 창덕궁으로 보내 주었다.

거사를 일으키고 3일째 되는 날, 개화파들은 새로운 정부의 약속 열네 가지를 백성들에게 발표했다.

**청에 잡혀간 대원군을 귀국시키고 청에 대한 조공을 폐지한다.**
**문벌을 폐지하고 능력에 따라 인재를 등용한다.**
**탐관오리 중에서 그 죄가 심한 자는 처벌한다.**

이것은 새로운 세상을 만들기 위한 새로운 법과 제도였다. 하지만 백성들은 그들을 좋아하지 않았다. 민씨 세력이 개화파에 대한 좋지 않은 소문을 퍼뜨렸던 것이다.

"이번에 난리를 일으킨 놈들이 임금님과 중전마마를 해치려고 했다면서?"

"개화파인가 뭣인가 하는 놈들이 조선을 일본에 팔아먹으려고 한다던데 그게 사실인가?"

백성들의 마음이 돌아섰고 조정에도 개화파를 지지하는 사람이 많지 않았다. 그래도 개화파들은 개혁을 할 수 있다고 믿었다. 일본이 뒤에서 든든하게 지원해 주리라 믿었던 것이다.

그날 오후, 명성 황후의 요청으로 청나라 군대가 궁궐로 들어왔다. 위안스카이는 창덕궁을 향해 대포를 쏘아 댔다.

"왕과 왕비를 내놓거라. 어디 감히 청나라와 싸우려 드는 것이냐? 우리 병력이 얼마나 많은지 모르고 있는 것이냐?"

위안스카이는 개화파와 일본에게 겁을 주었다.

한편, 대포 소리가 들리자 고종은 또 심장이 내려앉는 것 같았다.

"걱정 마십시오, 전하. 청나라 군대가 들어와서 저들에게 겁을 주는 것입니다. 이 모든 난리가 곧 끝날 것입니다."

명성 황후가 달랬지만 고종의 마음은 쉽게 편해지지 않았다.

"세상에서 가장 안전해야 할 궁궐이 어찌 이렇게 난리가 그치지 않는단 말인가? 폭탄 소리에 대포 소리에 가슴이 뛰어 숨도 잘 못 쉬겠구나."

그날부터 고종은 편히 잠자리에 들 수가 없었다. 늘 불안하고 무서웠다.

청나라 군대가 궁궐에 대포를 쏘며 겁을 주자 가장 먼저 일본

군들이 도망쳤다.

"청나라 군사들의 수가 많아 우리가 감당할 수 없을 거야. 우리가 왜 남의 나라를 위해 청나라 군인들과 싸워야 해?"

일본군이 도망치자 개화파는 몹시 당황했다. 자신들을 지켜 줄 군인들이 없어졌기 때문이다.

"위안스카이가 우리를 찾기 전에 빨리 도망쳐야 합니다."

김옥균, 박영효, 서재필 등은 일본군을 따라 몸을 피했다. 하지만 홍영식은 남았다.

"나는 전하의 곁에 있겠소. 우리의 목적은 나라와 왕실을 지키고 발전을 꾀하자는 것이 아니었소? 나는 끝까지 전하의 곁에 머무르겠소."

결국 홍영식은 청나라 군인들에 의해 죽임을 당했다.

갑신정변은 그렇게 3일 만에 끝나고 말았다.

고종과 명성 황후는 3일 동안 개화파의 포로가 되어 이리저리 끌려다녔던 일을 잊지 않았다.

"이 수모와 치욕은 반드시 갚아 주겠다."

명성 황후는 자객을 보내 일본으로 도망쳤다가 상하이로 건너간 김옥균을 죽였다. 개화파의 일가친척들도 대부분 감옥에서 죽거나 스스로 목숨을 끊었다.

서재필은 일본으로 도망쳤다가 다시 미국으로 건너갔다. 미국으로 가는 배 안에서 서재필은 생각했다.

'우리가 너무 성급했어. 왕실과 백성들은 아직 개화를 받아들일 준비가 되어 있지 않은 거야. 일본도 우리 편은 아니었어. 결정적인 순간에 우리를 배신했지. 우리가 너무 쉽게 생각했어.'

서재필은 미국에서 의사가 되기 위해 열심히 공부했다.

개화파의 뜻은 좋았지만 결국 실패로 돌아갔다.

## 백성들이 일어나다

많은 나라들이 조선이라는 작은 나라에 눈독을 들였다. 청나라와 일본뿐 아니라 서양의 많은 나라들도 조선에서 뭔가 빼앗아 갈 것을 찾았다.

러시아도 조선을 노리고 있었다. 러시아는 공사를 보내 고종과 명성 황후에게 가까이 다가가도록 했다.

"전하, 아라사(당시 러시아를 부르던 말로, 한자를 이용해 음을 표현함)를 가까이 하는 게 좋을 것 같습니다. 일본이나 청나라만큼 힘이 센 나라라고 합니다."

"우리가 아라사와 가깝게 지내면 청나라나 일본이 함부로 하지 못할 것이오."

고종과 명성 황후는 일본과 청나라를 견제하기 위해 러시아를 끌어들였다.

러시아 공사는 '손탁'이라는 독일 여성을 고종에게 소개했다.

손탁은 여러 서양 문화를 소개하며 고종과 명성 황후의 마음을 사로잡았다.

고종과 명성 황후는 손탁이 차려 준 서양 음식을 먹었다. 손탁은 궁궐 안을 서양식으로 꾸미기도 했다. 고종과 명성 황후는 그것이 조선의 발전된 모습인 것 같아 보기 좋았다.

고종은 덕수의 아들 상호를 러시아 공사에게 소개했다. 러시아 말을 배워 두게 하면 좋을 것 같아서였다.

"상호야, 영어는 이제 어느 정도 하니까 아라사 말을 배워 보거라. 아라사는 청나라나 일본에게서 우리를 구해 줄 나라가 될 수도 있어."

"네, 전하. 열심히 배우겠습니다. 청나라 말과 일본 말을

하는 사람은 많지만, 아라사 말을 할 수 있는 사람은 별로 없거든요. 제가 잘하게 되면 전하의 심부름도 돕겠습니다."

고종은 상호가 덕수만큼이나 믿음직스러웠다.

"그래, 그래. 내가 필요할 때 나의 손과 발이 되어 주렴. 너를 믿는다."

상호는 러시아 공사관에서 잔심부름을 하며 러시아 말을 배웠다. 상호는 고종과 조선을 위해 뭐든지 열심히 하리라 마음먹었다.

상호는 러시아 말도 빨리 배우고 눈치도 빨라 손탁의 마음에 들었다. 손탁은 상호를 기특하게 여겨 서양 요리를 가르쳐 주기도 하고 세계 지도를 보여 주기도 했다.

"여기쯤 있는 작은 나라가 조선이란다."

"조선이 이렇게 작다고요? 그리고 청나라처럼 큰 나라가 이렇게 많아요?"

"그래, 조선은 빨리 깨우치고 배워야 해. 지금은 우물 안의 개구리처럼 갇혀 있잖니?"

상호는 새로운 것을 알면 알수록 넓은 세상이 놀랍게 느껴졌다.

갑신정변 이후 청나라와 일본의 간섭은 더욱 심해졌다. 청나라 상인들과 일본 상인들은 조선에서 마음껏 장사를 했다.

일본이 쌀을 싼값에 마구 사 가는 바람에 조선 백성들은 먹을 쌀이 부족할 지경이었다. 기껏 농사를 지어도 밥을 굶어야 할 형편이 된 백성들은 화가 났다.

그런데도 나라에서는 온갖 명목으로 세금을 거두었다. 지친 백성들은 의지할 곳이 필요했다.

"자네 동학이라고 들어 봤나? 서양에서 들여온 서학과 달리 조선 사람들이 믿는 종교가 동학이라네."

"그럼 들어 봤지! 철종 임금님 때 생겼다고 들었네. 나도 동학 모임에 참석한 적이 있는걸. 최제우 교주님 말씀에 따르면 사람은 모두 하늘과 같다는 거야. 사람을 섬기는 것이 곧 하늘을 섬기는 것과 같대."

"우리 같은 무지렁이들도 양반과 같다고? 정말 그런 세상이 있을까?"

"그러니 양반들이 동학을 좋아할 리 없지. 사람은 누구나 존중 받아야 한다고 하셨다는구먼. 그래서 나라에서 최제우 교주님을 잡아 죽이지 않았겠나."

서학인 천주교를 몰래 믿어야 했던 것처럼 백성들은 조선의 종교인 동학도 몰래 믿어야 했다.

인간은 누구나 평등하다는 동학의 정신은 백성들의 마음을 사로잡았다. 동학은 들불처럼 백성들 사이에 널리 퍼져 나갔다.

동학을 중심으로 모이는 백성들이 많아지자, 고종은 걱정이 되었다.

"백성들이 또 모여서 난리라도 일으키려는 것이 아니냐."

고종의 걱정과 달리 동학의 지도자들과 교도들은 싸움 대신 집회를 하며 고종에게 애원했다.

"최제우 교주님의 억울한 죽음을 밝혀 주십시오."

"우리 동학교도들을 괴롭히지 마시오. 우리가 동학을 믿을 수 있게 해 주시오."

"백성들을 괴롭히는 탐관오리들을 혼내 주시오."

동학교도들은 고통받는 백성들을 대신해 목소리를 크게 내었다. 임금과 벼슬아치들이 들도록 힘을 모아 간절히 외쳤다.

"전하, 저들이 더 모이면 무기를 들지도 모릅니다. 미리 손을 써야 합니다."

고종도 동학교도들을 무시할 수는 없었다.

"이 나라의 임금인 내가 약속하겠다. 너희의 뜻을 잘 살필 테니 모두 각자의 집으로 돌아가거라."

동학교도들은 고종의 약속을 믿었다. 처음부터 무기를 들고 나라를 상대로 싸울 생각도 없었다. 임금의 명령을 따르기로 하고 집회에 모였던 사람들이 모두 흩어졌다.

고종은 소식을 듣고 한숨을 내쉬었다.

"백성들이 힘을 가지면 무서워지지. 이 정도에서 끝난 게 다행이야."

하지만 고종의 바람은 오래가지 못했다. 이미 벼슬아치들이 썩을 대로 썩어 있었기 때문이다.

탐관오리들은 갖가지 명목을 지어내서 세금을 거둬들였다. 돈을 내지 못하면 자식을 종으로 잡아가기도 했다. 모질게 매를 때리는 일도 많았다.

그 중에서도 횡포가 가장 심했던 사람이 전라도의 고부 군수 조병갑이었다. 조병갑은 악명 높게 백성들을 괴롭혔다. 농사일로 바쁜 농민들을 강제로 모아 보를 쌓게 한 다음 물세를 걷었다. 그뿐만 아니라 아버지의 공적비를 세운다며 세금까지 걷었다.

또한 세금을 걷을 속셈으로 백성들에게 억울한 누명을 씌우기도 했다.

"갑돌이는 나이 든 부모에게 소홀했다면서? 불효죄가 얼마나 큰 줄 알지? 감옥에 가기 싫으면 돈을 내도록 해."

백성들은 세금을 마구 뜯어 가는 군수에게 불만이 많았다. 고통을 호소하는 백성들의 목소리가 곳곳에서 들렸다.

"곡식이 없어 굶어 죽어 가는데, 더 빼앗으려 들다니!"

농민들은 마을의 지도자이자 서당 훈장인 전봉준의 아버지 전창혁을 찾아갔다.

"어르신, 이대로는 못 살겠습니다. 군수가 자기 어머니가 돌아가셨다고 또 세금을 내랍니다."

"자식들을 먹일 땟거리조차 없는데 어떻게 세금을 내라는 것인지."

이 사태를 더는 가만두고 볼 수 없었던 전창혁은 조병갑을 찾아갔다.

"지금 백성들은 지나친 세금 때문에 고통받고 있소. 굶어 죽기 직전인데 어떻게 세금을 내란 말이오? 군수는 이제 세금을 그만 걷고 백성들을 돌봐 주시오."

전창혁은 쩌렁쩌렁한 목소리로 조병갑에게 항의했다.

조병갑은 농민들을 이끌고 와 자기에게 항의하는 전창혁이 몹시도 미웠다. 농민들이 자기 말은 듣지 않고 한낱 훈장인 전창혁의 말을 따른다는 것도 화가 났다.

"여기가 어디라고 찾아와 감히 야단이란 말이냐? 군수인 내 말을 거역하는 것은 나라님의 말을 거역하는 것과 같다."

조병갑은 벌떡 일어서서 사람들 모두가 듣도록 크게 소리쳤다.

"감히 내게 덤비는 저놈에게 곤장을 치도록 해라. 매우 세게 쳐라."

나이가 많은 전창혁은 모진 매를 맞고 몸져누워 집에 돌아온 지 한 달 만에 죽고 말았다.

고부의 농민들은 전창혁의 죽음에 분노했다.

"훈장 어르신은 우리를 위해 나서시다 돌아가신 거야."

아버지와 함께 서당 훈장을 하던 전봉준은 더는 가만히 있을 수가 없었다.

'이건 단지 아버지 한 사람의 죽음으로 끝날 문제가 아니다. 이대로 있으면 조병갑은 백성들을 지렁이 밟듯 마구 밟아 죽일 것이다.'

전봉준은 농민들 앞에서 말했다.

"이제는 우리도 살기 위해 무기를 들어야 합니다. 싸워야 합니다."

농민들은 대나무로 만든 창을 들고 소리 높여 외쳤다. 그들은 더는 물러설 곳이 없었다.

"대장님, 우리들은 대장님을 따라 싸우겠습니다. 싸우다 죽으나 굶어 죽으나 어차피 죽는 것은 마찬가지입니다."

"이왕이면 좋은 세상 만들고서 죽어야 하지 않겠습니까? 우리도 함께하겠습니다."

많은 농민들이 힘을 보태겠다며 모여들었다.

전봉준은 누구보다도 용감하고 영리하며 믿음직했다. 전봉준은 다른 마을의 동학교도들과 농민들을 모아서 동학 농민군을 만들었다. 그들의 힘은 점점 강해졌다. 동학 농민군은 나라에서 보낸 관군들과 싸울 때도 용감했다.

동학 농민군을 진압하러 온 관군은 오히려 백성들을 괴롭혔다. 백성들의 물건과 집을 빼앗고 그들을 때리기도 했다.

백성들은 대부분 동학 농민군 편이었다. 동학 농민군은 거침없이 관군을 밀어붙여 전국 곳곳에서 승리했다. 관군은 점차 그 힘을 잃었다.

동학 농민군이 전주성을 차지하자 초조해진 고종은 더는 가만히 지켜볼 수가 없었다.

'이러다 금방 한양으로 올라오면 어떡하지? 또 한바탕 난리를 겪게 되겠지. 더는 안 돼.'

고종의 마음을 읽은 명성 황후가 고종에게 말했다.

"전하, 청나라에 도움을 요청하세요. 이대로 가만있으면 큰일 납니다."

"하지만 중전, 청나라가 조선에 들어오면 일본군도 들어올 것이오. 톈진 조약을 들먹이며 청나라 군대가 들어오는 걸 그냥 구경만 하지는 않을 거요."

"동학 농민군이 다 잡히면 청나라 군대를 돌려보내면 됩니다. 청나라 군대가 나가면 일본군도 나갈 것입니다. 전하, 지금 급한 것은 동학 농민군을 물리치는 일입니다."

고종은 명성 황후의 말대로 청나라에 동학 농민군을 물리칠 군

대를 보내 달라고 요청했다. 청나라 군대가 들어오자 기다렸다는 듯이 일본군도 함께 들어왔다. 동학 농민군은 크게 당황했다.

"청나라 군대와 일본 군대가 우리 동학 농민군을 막기 위해 들어왔다고 합니다."

"우리 무기로는 청나라 군대나 일본 군대와 싸워 이길 수 없습니다. 그들은 동학 농민군을 핑계로 조선에 머무르고자 할 것입니다."

"주상 전하께 실망이군. 조선 백성들을 치려고 외국 군대를 부른다는 것이 말이 되는가 말일세."

외국 세력에 맞서 조선을 지키겠다고 다짐했던 동학 농민군이었다. 그래서 동학 농민군은 외국의 군대가 조선 땅에 머무르는 것을 막아야겠다고 생각했다.

동학 농민군은 관군과 열두 가지 조항이 담긴 개혁안을 놓고 협상했다. 백성들을 괴롭히는 못된 벼슬아치와 지주들을 처벌하고, 잘못된 차별 제도를 없애라는 것이 주요 내용이었다.

고종은 동학 농민군의 요구를 대부분 들어주기로 약속했다. 그들이 요구하는 것이 맞는 말이었고, 고종도 서둘러 일본군을 몰아내고 싶었기 때문이다.

"어서 빨리 모두 제자리로 돌아가야 해. 동학 농민군은 흩어져서 자기 집으로 돌아가고, 일본군은 자기 나라로 돌아가고."

고종은 모든 것이 빨리 해결되길 바랐지만 그 바람은 이루어지지 않았다. 동학 농민군은 약속대로 돌아갔지만, 일본군은 고집을 부리며 조선에서 나가지 않았다.

고종의 염려대로 일본군은 무기를 잔뜩 들고 경복궁으로 쳐들어왔다.

"조선군은 모두 무기를 버리고 항복해라. 저항하면 모두 죽이겠다."

갑자기 쳐들어와 위협하는 일본군들 때문에 궁궐 안은 또다시 난리에 휩싸였다.

"전하, 전하! 일단 피하시옵소서. 저희가 싸우며 시간을 벌겠습니다."

궁궐의 무사들과 군인들은 일본군과 싸울 준비를 했다.

하지만 고종은 고개를 가로저었다.

"아니다. 어차피 질 싸움이다. 저들은 최신식 무기를 가지고 있고 그 숫자도 많다. 싸웠다가는 괜히 소중한 목숨만 잃게 될 것이다."

고종은 긴 한숨을 내쉬었다.

"싸우지 말거라. 더는 궁궐에서 피를 보고 싶지 않구나."

고종은 묵직한 무엇인가가 목을 짓누르는 기분이 들었다.

'더는 도망칠 힘도 없군. 그래, 저놈들은 호시탐탐 기회만 노

렸겠지. 감히 임금이 사는 궁궐에 쳐들어와 위협하다니!'

고종의 명령에 궁궐 안의 군인들은 모두 무기를 버렸다. 일본군은 의기양양하게 들어와 고종을 협박했다.

"조선은 오늘부로 청나라와 맺은 모든 조약을 없애 버려야 한다. 그리고 청나라 군대를 조선에서 모두 내보내야 한다."

고종은 총칼을 앞세워 협박하는 일본군을 당할 수 없었다.

"알겠다. 일본이 원하는 대로 하겠다."

고종은 입술을 깨물며 약속했다. 일본군에 맞서 싸울 수 없으니 어쩔 도리가 없었다.

"어찌 조선은 이리도 힘이 없단 말이오? 썩어 빠진 벼슬아치들 때문에 백성들은 들고일어나고, 일본은 최신식 무기와 기술을 앞세워 조선을 차지하려고 수단과 방법을 가리지 않으니……. 나도 힘이 없고 조선도 힘이 없고. 누구를, 무엇을 원망해야 한단 말이오!"

고종이 절망에 빠져 있을 때마다 명성 황후는 큰 힘이 되어 주었다.

"전하, 우리는 최선을 다할 것입니다. 우리의 힘만으로 안 된다면 우리를 도와줄 사람과 나라를 찾으면 됩니다. 청나라도 있고 아라사도 있습니다. 마음을 굳건히 하고 기회를 기다리시면 됩니다."

하지만 청나라는 조선에 도움이 되지 못했다. 청나라는 서양

의 힘센 나라들에 치이고 일본과 한 전쟁에서도 져서 체면이 말이 아니었다. 이제 청나라는 이빨 빠진 호랑이 신세가 되었다.

일본은 조선의 조정을 협박해 동학 농민군들을 모조리 잡아들이게 했다. 동학 농민군은 일본을 반대하는 세력이었기 때문에 가만히 놓아둘 수 없었던 것이다.

고종은 궁궐에서 보내는 하루하루가 우울했다. 조선을 지켜야만 하는 무거운 짐을 졌지만, 그를 잡고 흔드는 나라들이 너무 많았다.

'내 뜻대로 되는 것이 이리도 없단 말이냐! 임금인 내가 나라를 위해서 할 수 있는 일이 이다지도 없다니. 평범한 명복이었을 때는 임금이 이런 자리인 줄 상상도 못했는데……'

고종은 옛날 생각이 날 때마다 상호를 불렀다. 덕수는 동학 농민군과 함께하다 많이 다쳤다는 소식을 들었다. 더는 궁궐을 드나들 수 없었다.

고종은 건청궁 앞 향원정 뜰을 상호와 거닐었다. 4월의 봄빛이 궁궐 안을 감싸고 있었다.

"네 아비는 이제 일어설 수 없다는 게 사실이냐?"

"네, 전하. 전하께서 보내 주신 탕약을 먹기는 했지만…… 차도가 없습니다. 평생 걷지 못할 것이라 하옵니다."

상호의 이야기를 듣던 고종은 가만히 고개를 끄덕였다. '네 아비가 동학 농민군에 힘을 보탠 것이 사실이냐?'라고 묻고 싶었지만 이내 말을 아꼈다.

"네 아비 이야기는 하지 않는 게 좋겠다. 조정의 대신들이 알면 너를 궁궐에 드나들지 못하게 할 수도 있으니 말이다."

상호는 고종의 말이 무슨 뜻인지 알고 있었다. 동학 농민군은 죄인이니 상호도 죄인의 아들이라는 뜻이었다. 비록 임금이 아끼는 친구의 아들일지라도.

"전봉준이 사형을 당했다지? 시신도 못 찾고."

"네, 전하. 시신이 가족들에게 돌아가지 못하고 아무도 모르는 곳에 묻혔다 하옵니다. 백성들이 몹시 슬퍼하고 있습니다. 전봉준은 백성들을 위해 나선 장군이었습니다."

상호의 말에 원망이 뚝뚝 묻어났다. 한마디 한마디에 힘이 들어가 있었다.

고종은 가슴이 시큰거렸다.

'저 녀석이 나한테 원망의 화살을 돌리는 것인가? 전봉준이 죄인으로 처형된 것 때문에? 저것이 바로 백성의 마음이란 말인가!'

고종은 당찬 상호를 쳐다보았다. 어느새 고종보다 훌쩍 커 버린 어엿한 청년이었다.

고종은 상호를 보내고 장안당으로 들어왔다. 조용히 앉아 있으니 상호가 불렀던 노래가 생각났다.

새야 새야 파랑새야, 녹두밭에 앉지 마라.
녹두꽃이 떨어지면 청포 장수 울고 간다.

느린 곡조의 노래가 한없이 슬프게 들렸다.
'백성들이 그런 슬픈 노래를 부르는구나. 조선에 기쁜 일은 하나도 없으니…….'
막 연둣빛을 찾은 향원정의 수양버들이 바람에 가만히 흔들렸다.

## 조선의 국모가 시해당하다

청·일 전쟁에서 일본이 승리하자 서양의 여러 나라들은 걱정이 되었다. 눈부신 산업 발전을 통해 성장한 일본이 조선과 청나라를 차지하려고 드는 것이 눈에 보였기 때문이다.

일본의 움직임을 보고만 있을 수 없던 러시아는 프랑스와 독일을 끌어들였다. 삼국은 청·일 전쟁의 승리로 일본이 차지한 랴오둥 반도를 청나라에 돌려주라고 간섭했다.

"전하, 삼국 간섭을 통해 아라사가 힘을 잡았습니다. 이제 일본을 막을 수 있는 나라는 아라사뿐입니다."

"중전, 나도 그렇게 생각하오. 친일파들이 나라를 차지하려 드는데, 아라사의 힘을 빌려서 이들을 막아야겠소."

고종은 러시아 공사를 불러 일본을 물리칠 수 있게 도와 달라고 했다. 곧 조정의 중요한 벼슬자리는 러시아와 가까운 사람들로 채워졌다. 명성 황후를 따르는 세력들이었다.

"전하, 지금 가장 중요한 것은 힘의 균형입니다. 강해진 일본을 견제해서 조선을 지켜야 합니다. 아라사는 일본이 쉽게 건드릴 수 없는 강한 나라입니다."

명성 황후는 믿을 곳이 러시아뿐이었다. 일본의 야욕을 누구보다도 더 잘 알았던 고종과 명성 황후는 러시아를 잘 이용해야 했다. 그것이 고종과 명성 황후에게는 조선을 지킬 방법이었다.

일본은 초조했다. 조선을 곧 차지할 수 있을 것 같았는데 명성 황후가 러시아를 끌어들인 것이다. 일본에게는 명성 황후가 눈엣가시 같았다. 명성 황후만 없다면 러시아 편에 선 세력들을 쫓아내고 친일파로 조정을 채울 수 있을 것 같았다.

"그렇다면 방법은 한 가지뿐이군. 우리를 방해하는 여우를 없애야지."

일본 공사인 미우라는 철저한 준비를 했다.

"조선의 왕후가 없어져야 조선을 우리 손아귀에 넣을 수 있다. 이번 작전의 암호는 '여우 사냥'이다."

"영리한 여우가 궁궐을 빠져나가지 못하도록 샅샅이 막아야 한다. 작은 실수라도 있어서는 안 된다."

1895년 10월 8일, 일본군과 낭인들은 깜깜한 새벽녘에 광화문 앞으로 모였다.

새벽 공기에는 스산하고 차가운 기운이 감돌고 있었다. 새벽

다섯 시가 되자, 그들은 경복궁 담을 넘어 광화문의 빗장을 열었다.

궁궐 경비대와 훈련대가 무장한 일본군과 낭인들에 맞섰다. 하지만 너무 갑작스럽게 많은 수가 한꺼번에 덤벼들었다. 흉도들은 거침없이 궁궐 안으로 침입했다.

"전하와 중전마마를 지켜야 한다. 흉도들이 들어오지 못하게 막아라!"

"우리가 무너지면 왕을 지킬 수 없다!"

왕을 지키는 시위대는 목숨을 걸고 일본군과 낭인들을 막았다. 하지만 일본군의 총칼 앞에 힘없이 무너졌다. 그들의 무기와 숫자에 눌려 제대로 싸워 보지도 못하고 한 명씩 한 명씩 꼬꾸라졌다.

"가자! 여우를 사냥하러 가자!"

일본 낭인들은 건청궁으로 향했다. 궁궐 안을 휩쓸고 지나가며 궁녀와 내관들이 있으면 마구 칼을 휘둘렀다. 궁녀와 내관들은 아무것도 모른 채 칼을 맞고 낙엽처럼 쓰러졌다.

비명과 고함이 건청궁 안까지 들리자 놀란 고종이 일어났다.

"이게 또 무슨 난리란 말이냐?"

고종은 눈앞까지 다가온 무기를 든 사람들을 보고 놀랐다.

"너희들은 누구냐? 감히 여기가 어디라고 함부로 쳐들어온 것이냐?"

고종은 떨리는 손에 힘을 주며 엄하게 꾸짖었다. 어둠이 눈에 익자 일본 칼을 찬 낭인 무리가 보였다. 일본어로 자기들끼리 두런거리는 소리가 들렸다.

'아, 아니, 이들은 일본인들이 아닌가? 이놈들이 기어이……'

고종은 짧은 시간 동안 많은 생각을 했다.

'여기서 나와 중전이 살아남으려면 어떻게 해야 할까? 중전은 이미 도망쳤겠지? 그래야 하는데. 그래야 하는데……'

수많은 생각들이 머릿속을 빠르게 스쳐갔다.

"당장 나가지 못하겠느냐? 나는 조선의 임금이다!"

고종은 하얗게 질린 얼굴로 일본인들을 노려보았다.

"전하께서는 장안당에 잠시 계시지요."

무기를 든 일본인들이 고종을 장안당에 가두어 놓고 나오지 못하게 지켰다.

일본 낭인들은 명성 황후가 거처하는 곤녕합을 샅샅이 뒤졌다. 그사이 명성 황후는 궁녀의 옷으로 갈아입고 궁녀들 틈에 섞여 있었다.

"에잇, 도대체 누가 중전이지?"

중전의 얼굴을 몰랐던 낭인들은 칼을 휘두르며 명성 황후를 찾아다녔다. 궁녀들의 비명과 피비린내가 곤녕합에 가득 찼다.

일본 낭인들은 세자와 세자빈도 가만두지 않았다.

"중전은 어디 있느냐? 어서 말해라."

일본인들은 세자의 상투를 잡고 마구 흔들어서 넘어뜨렸다.

"모르오. 나는 모른단 말이오."

"세자 저하, 저하!"

울부짖는 세자 옆으로 세자빈이 뛰어왔다. 하지만 곧 낭인들은 세자비를 발로 차서 넘어뜨렸다. 세자빈은 힘없이 나동그라졌다. 궁녀들이 달려들었지만 머리채를 잡혀 얻어맞았다.

"어서 중전이 어디 있는지 말하란 말이다!"

낭인들은 번뜩이는 기다란 칼을 세자에게 들이대며 휘두르는 시늉을 했다. 온갖 모욕을 당한 세자가 주저앉아 쓰러졌다.

그사이 다른 낭인들은 중전을 찾아내라며 궁녀들을 무참하게 때렸다.

"중전이 누구냐? 말하지 않으면 모두 죽이겠다."

낭인들의 협박에도 궁녀들은 누구 하나 중전을 가리키지 않았다.

"중전마마는 여기 안 계신다. 차라리 나를 죽여라."

일본 낭인들에게 맞서는 궁녀들이 차례로 칼에 맞아 쓰러졌다. 더는 참을 수가 없었던 명성 황후가 벌떡 일어섰다. 밖으로 뛰쳐나가려고 했지만 곧 일본인들의 칼에 맞았다. 낭인들은 명성 황후에게 칼을 휘둘렀다. 궁녀들이 저도 모르게 비명을 질렀다.

"흠, 중전이 맞나 보군."

낭인들은 명성 황후에게 몇 번 더 칼을 휘둘렀다. 계획대로 명성 황후의 시신을 이불에 돌돌 말아 옥호루 옆의 숲으로 가져갔다. 그리고 시신에 석유를 끼얹고 불을 질렀다.

고종의 편이 되어 조선을 호령하던 여장부 명성 황후는 그렇게 연기가 되어 사라졌다. 연기는 새벽이 밝아 오는 하늘 사이로 희미해졌다.

아침이 되자 고종은 일본 공사인 미우라를 만났다. 미우라는 음흉한 미소를 지으며 고종을 협박했다.

"전하, 어서 중전을 폐한다는 명령을 내리십시오. 그리고 이제 친일 인사들로 조정을 꾸리셔야지요."

고종은 미우라를 똑바로 쳐다보며 말했다.

"절대로 그런 일은 없을 것이다. 나는 절대로 네 말을 듣지 않을 것이야. 이런 짓을 한 네놈들을 절대로 용서하지 않을 것이다."

그사이 여러 나라의 외교관들이 궁궐에 도착했다. 그중 몇몇은 일찍 도착해 일본이 저지른 끔찍한 만행을 직접 보았다.

외교관들이 장안당에 들어와서 고종을 보았다. 고종은 미우라

의 협박에 눈물을 흘리고 있었다.

"이, 이놈들! 중전은 어디 있느냐? 중전을 어떻게 했느냐?"

한 나라의 왕이란 신분도 잊고 고종은 흐느꼈다. 쉬지 않고 눈물이 흘렀다.

'중전, 외로울 때 나의 편이 되어 주고, 내가 어찌할 바를 모를 때 답을 알려 주던 그대……. 내가 중전을 지키지 못했구려. 자기 부인도 지키지 못하는데 어찌 한 나라를 지키는 왕이 되겠소. 나는 남편 자격도, 왕 자격도 없소. 그대가 없이 나는 어떻게 살아야 할지 모르겠소. 난 어쩌면 좋단 말이오!'

고종은 장안당 마루에 서서 마음속으로 쉴 새 없이 명성 황후를 불렀다.

'이것이 악몽이라면 얼마나 좋을까? 누군가 나를 흔들어 깨워다 꿈이었다고 이야기해 주면 좋겠구나.'

고종은 외롭고 두려웠다. 자신의 반쪽을 잃은 것이 아니라 전부를 잃은 것만 같았다.

시간이 지난 후에 일본과 친일파들이 새로운 중전을 들이라고 졸랐다. 그때마다 고종은 대답했다.

"나에게 중전은 한 사람뿐이다. 나는 절대로 중전을 잊지도 버리지도 않을 것이다. 새로운 중전이란 절대로 없다."

아내이자 친구이며 스승이었던 명성 황후. 고종은 온갖 역경과 피바람을 명성 황후가 있어서 이겨 낼 수 있었다. 이제 고종은 혼자서 더 깊은 역사의 소용돌이로 빠져야 했다.

## 러시아 공사관으로 간 고종

을미사변이 있은 후, 고종은 심한 공포에 시달렸다. 주위 사람들이 자신을 해하지 않을까 의심스러웠다.

고종은 잠을 잘 때도 음식을 먹을 때도 두려웠다. 자고 있을 때 누가 궁궐에 침입하지는 않을지, 자신이 먹는 음식에 누가 독을 타지는 않을지 두려웠다.

고종은 궁궐에서 만든 음식을 안심하고 먹을 수 없어 외국 공사관에서 가져온 음식만 먹었다. 상호는 러시아 공사관에서 음식을 가져다 날랐다.

"전하, 이럴 때일수록 잘 드시고 건강을 챙기셔야 합니다. 전하가 쓰러지시면 조선이 쓰러집니다."

고종은 이제 어엿한 어른이 된 상호가 믿음직스러웠다.

"그래, 네 말이 맞다. 힘을 내 보마. 오늘 밤에는 미국인 알렌이 나를 지키러 오기로 했다. 총을 차고 내 침소를 지키기로 했으니 마음 편히 잠들 수 있겠구나."

상호는 말없이 미소를 지으며 고개를 끄덕였다. 몸집이 작은 고종의 어깨에 지워진 짐이 너무 무거워 보였다.

상호는 고종을 보면 안타까웠다. 고종을 위해, 조선을 위해 자신이 할 수 있는 모든 것을 다 하리라 마음먹었다.

"전하, 내일은 미국 공사에서 음식을 가져온다 하니 저는 모레 다시 오겠습니다."

"그래, 이제 자주 보겠구나."

고종은 듬직한 상호를 보며 힘겹게 미소를 지었다.

'아비가 세상을 떠난 뒤에도 언제나 든든하고 의젓하구나. 네 아비는 저세상에서 편히 눈을 감았을 것이다. 너 같은 아들을 두었으니.'

고종은 덕수가 부러웠다.

한편 고종이 두려움에 떨고 있을 때, 백성들은 분노와 수치심에 떨었다. 왕비가 궁궐에서 일본 낭인들에게 짓밟혀 죽었다는 사실은 모두에게 충격을 주었다.

"나쁜 일본 놈들! 감히 중전마마를 궁궐 안에서 죽이다니. 조선을 얼마나 우습게 봤으면 이런 일이 생긴단 말인가!"

"절대로 가만히 있어서는 안 되네. 그러다간 우리 모두를 짓밟으려고 할 거야."

백성들에게 반일 감정이 들불처럼 일어났다. 게다가 친일파들로 이루어진 조정 대신들은 단발령을 실시하라고 명령했다. 부모님이 주신 머리카락을 함부로 자르지 않던 조선 백성들에게는 하늘이 무너지는 것 같은 명령이었다.

　"전하, 전하께서 가장 먼저 모범을 보이셔야겠습니다. 그래야 백성들도 따라 하지요."

　친일파들에게 시달려 지친 고종은 고개를 끄덕였다.

　"알겠다. 하라면 해야지 내가 무슨 힘이 있나. 머리카락을 자르지 않으면 내 머리를 자르려고 덤빌 텐데."

　"그게 무슨 말씀이십니까? 전하, 머리를 짧게 자르면 위생에도 좋고 얼마나 편한데요. 일본 사람들, 서양 사람들을 보십시오. 다 머리를 짧게 자르지 않습니까?"

　고종은 백성들에게 모범을 보이기 위해 많은 사람들이 보는 앞에서 머리를 잘랐다. 그다음으로는 세자가 머리를 잘랐다.

　백성들은 또다시 분노했다.

　"부모님이 주신 신체를 상하게 하는 것은 불효야, 불효!"

　백성들이 말을 듣지 않자 나라에서는 강제로 사람들을 붙잡아 상투를 자르기도 했다. 잘린 상투를 잡고 엉엉 우는 사람, 머리카락을 자르지 않으려고 도망가는 사람들도 있었다.

　고종은 그동안 의지하고 있던 베베르 러시아 공사와 많은 이

야기를 나누었다.

"전하, 일본군에게서 벗어나려면 이 궁궐을 빠져나가셔야 합니다. 준비를 해야 할 것 같습니다."

"하지만 지난번에도 미국 공사관으로 도망하려다 들키지 않았소?"

고종은 그때 누군가의 배신으로 들켜 실패한 기억에 몸서리를 쳤다.

"이번에는 더 계획적으로 조용히 움직여야 합니다. 의심받지 않을 방법을 찾아야지요. 가마를 이용하면 됩니다. 엄상궁마마의 가마를 이용해 덫을 놓는 것입니다. 엄상궁마마와 함께 생각한 것이옵니다."

고종이 가장 믿고 아끼는 후궁인 엄상궁은 친러파 대신들과 가까운 사이였다.

"좋은 생각이군. 좀 더 의논을 해 봅시다."

고종은 엄상궁과 러시아 공사, 상호를 믿었다. 그들의 의견대로 하면 지옥 같은 궁궐에서 빠져나갈 수 있을 것 같았다.

고종은 포기하지 않고 힘을 내기로 했다. 백성들이 의병을 일으킬 거라는 소식을 듣고 상호를 통해 몰래 의병들에게 편지를 보냈다. 임금인 자신이 의병을 지지하고 있으니 열심히 싸워 주길 바란다는 내용이었다.

그러고는 친일파와 일본군에게 벗어날 계획을 세웠다. 엄상궁은 가마를 타고 반찬거리를 사 온다고 궁 밖을 들락거렸다. 처음에는 의심하던 일본인 수비대도 나중에는 가마 안을 검사하지 않았다.

고종과 세자는 엄상궁의 가마를 타고 새벽에 궁 밖으로 빠져나갔다. 그길로 고종은 러시아 공사관으로 몸을 피했다.

"이제 친일파들은 모두 내각에서 내쫓겠다."

러시아 공사관에서야 안심을 한 고종은 친일파들을 다 몰아내고 러시아와 친한 사람들로 벼슬자리를 채웠다. 러시아도 바라는 바였다. 조선의 임금이 러시아 공사관에서 나랏일을 보니 일본에게는 큰 걱정거리였다.

다급해진 일본 관리가 러시아 공사관을 찾아왔다.

"조선의 임금께서 왜 아라사 공사관에 계십니까? 어서 궁궐로 돌아가셔야지요."

일본이 협박했지만 고종과 러시아는 꿈쩍도 하지 않았다. 러시아는 이번 기회를 잘 이용해야 조선에서 일본을 밀어낼 수 있다고 생각했다.

고종도 러시아 공사관에서 지내는 것이 낫다고 생각했다. 일본군들이 언제 쳐들어올지 걱정하지 않아도 되었고, 먹는 것 걱정도 없었다. 고종은 러시아 공사관에서 많은 나랏일을 처리했다.

고종이 러시아 공사관에 머무르는 시간이 길어질수록 상호는 마음이 불편했다. 이곳에는 위험에서 벗어나 친일파들을 제거하기 위해서 온 것이었다. 하지만 이제 어느 정도 해결이 되었으니 고종은 백성들 생각도 해야 했다.

"전하, 이젠 안정이 되었으니 궁궐로 다시 돌아가시는 것이 어떻겠습니까?"

"여기서 지내니 잠도 잘 자고 먹는 것도 불안하지 않아 좋긴 한데, 남의 나라 신세를 지고 있으니 마음이 편하지 않구나."

고종은 상호가 한 말의 의미를 잘 알고 있었다.

"전하, 저는 역관인 아비를 따라다니며 많은 외국인들을 상대해 보았습니다. 세상의 어떤 나라 사람들도 공짜로 은혜를 베풀지는 않습니다. 어떻게든 자신들의 이익을 남기려 하지요. 지금도 보십시오. 아라사 공사관에 전하가 계시기 때문에 아라사에서 조선에 지나친 간섭을 하고 있지 않습니까? 벌써 많은 경제적 이권을 가져갔습니다."

"알고 있다. 나를 도와준다는 명목으로 아라사의 간섭이 심해졌지."

고종은 상호의 말이 불편해지기 시작했다.

"전하, 궁궐로 돌아가셔서 조선의 임금으로 우뚝 서셔야 합니다. 이곳에 오래 계실수록 백성들과 다른 나라들이 우습게 볼 수 있습니다."

"어허, 이놈이! 나를 가르치려 드는구나. 나는 좋아서 이러고 있는 줄 아느냐!"

하지만 고종은 화를 낼 수가 없었다. 친구의 아들이라서 벌을 내릴 수 없는 것은 아니었다. 상호의 말이 틀리지 않다는 것을 고종도 알았기 때문이다. 상호의 말은 고종의 가장 아픈 부분을 찔렀다.

다른 대신들도 백성들의 뜻을 전하며 궁궐로 돌아와야 한다고 청했다. 러시아 공사관에서 머물렀던 고종은 약 일 년 후 경운궁(지금의 덕수궁)으로 돌아왔다.

경운궁으로 돌아온 고종은 신하들의 끈질긴 요청을 받아들이기로 했다. 그것은 나라의 이름을 바꾸고 황제가 되는 것이었다. 원래 황제의 나라는 중국이어서 조선의 왕은 황제라는 호칭을 쓸 수 없었다. 하지만 세계 여러 나라에 조선이 강하다는 것을 보여 줄 필요가 있었다. 그래서 나라 이름을 '대한 제국'으로 바꾸고 고종은 황제가 되기로 결심했다.

고종은 환구단을 세우고 황제 즉위식을 치러 대한 제국이 자주독립 국가임을 나라 안팎에 선포했다. 고종은 조선 시대에 입었던 붉은색 옷 대신 황제를 상징하는 황금색 옷을 입었다.

대한 제국을 새로운 나라로 만들기 위해 고종은 여러 방면에서 변화를 꾀했다. 회사와 공장을 세우고, 실업학교와 의학교,

사범학교 등도 세웠다.

갑신정변 때 미국으로 떠났던 서재필은 몇 해 전 의사가 되어 돌아왔다. 서재필과 개화파 지식인들은 독립신문을 창간하여 백성들에게 새로운 지식을 가르쳤다. 또 백성들의 목소리를 대변할 수 있는 단체인 독립 협회를 세웠다.

처음에는 고종도 독립 협회에서 하는 일에 적극 찬성했다. 상호도 침이 마르게 독립 협회를 칭찬했다.

"전하, 독립 협회는 이름 그대로 우리 민족의 자주독립을 위해 운동하는 단체입니다. 일본, 아라사, 청나라 어느 나라에도 얽매이지 않는 독립 국가를 만드는 것이 독립 협회의 목표이지요."

"그것이 진정 내가 원하는 나라, 대한 제국이다. 내가 무엇을 도우면 되겠느냐?"

고종 황제는 독립 협회에서 독립문을 세울 때 왕실의 돈을 보태기도 하였다. 독립 협회는 갈수록 많은 회원들을 거느렸고 백성의 뜻을 대표하는 기관으로 커 나갔다.

하지만 고종 곁에는 독립 협회에 힘이 실리는 것을 걱정하는 사람들이 있었다. 또 자신의 권력을 지키기 위해 독립 협회를 모함하는 사람들도 많았다.

"전하, 독립 협회에서 집회를 열 때마다 사람들이 엄청나게 모인다고 합니다. 또 폭동이 일어날까 걱정되옵니다."

"전하, 백성들이 독립 협회를 너무나 좋아하고 있습니다. 이러다 황실보다도 독립 협회를 더 믿고 따를지 모릅니다."

고종은 마음이 조금씩 흔들렸다.

"알겠다. 내 더 생각해 보겠다."

백성들은 독립 협회를 통해 자신들의 목소리를 냈다. 그 중에는 정부와 조정 대신들에 대한 비판도 들어 있었다. 보수적인 신하들은 백성들의 힘이 커지는 것이 두려웠다.

"전하, 독립 협회에서는 왕실을 없애고 새로운 지도자를 뽑자고 한답니다. 큰일 났습니다."

그들은 독립 협회를 모함하고, 집회가 열릴 때 보부상 단체를 이용해 훼방을 놓았다. 결국 고종은 다툼이 격렬해지자 독립 협회를 강제로 해산시켰다.

## 나라를 빼앗긴 치욕스러운 날

 일본의 힘은 날이 갈수록 세졌다. 대한 제국과 청나라를 두고 경쟁하던 일본과 러시아는 결국 전쟁을 했다. 러·일 전쟁은 일본의 승리로 끝났다. 러시아까지 물리쳤으니 일본이 대한 제국을 손에 넣기는 식은 죽 먹기였다.

 고종 황제는 일본의 침략을 막아 달라고 서양의 여러 나라들에 호소했다. 하지만 모든 나라들은 자기들의 이익을 먼저 계산했다.

 일본은 거칠 것 없이 대한 제국에서 많은 것을 빼앗아 갔다. 일본의 이토 히로부미는 대한 제국을 빼앗기 위해 을사늑약을 강요했다. 아예 통째로 대한 제국을 없애려는 속셈이었다.

 이토 히로부미는 고종을 만났다.

 "전하, 이 조약에 서명을 하시지요. 대한 제국의 외교권을 일본에 넘긴다는 계약서입니다."

"나는 절대로 하지 않을 것이다. 이 조약은 대한 제국이 일본으로 넘어가는 것이나 마찬가지라는 뜻인데, 어찌 황제인 내가 여기에 서명을 한단 말이냐!"

고종은 펄쩍 뛰었다.

'내가 아무리 힘없는 왕이지만 나라를 넘길 만큼 못난 왕은 아니란 말이다. 이놈들이 나를 어떻게 보고 이런 짓을!'

고종은 이 조약이 이루어지지 않도록 반드시 막아야만 한다고 생각했다.

하지만 이토 히로부미는 포기하지 않고 계속 고종을 찾아왔다.

"전하, 이러시면 곤란합니다. 더 이상 버텨도 소용없을 것입니다. 빨리 조약에 서명하세요."

이토 히로부미는 칼을 차고 와서 고종을 협박하기도 했다.

"내가 무엇이 두려울 것 같으냐? 나라가 없으면 왕도 없는 것이다. 나는 절대로 이 나라를 일본에 넘기지 않을 것이다."

고종은 아주 단호했다. 더 이상 물러날 곳이 없었다.

"더 이상 황제를 설득할 수는 없을 것 같군. 우리도 다 방법이 있지."

1905년 11월 17일 이토 히로부미와 일본 공사 하야시는 대한 제국의 정부 대신들을 일본 공사관으로 불렀다. 그런 뒤 함께 궁궐로 몰려가 고종에게 만남을 청했다.

"싫다. 과인은 조정의 대신들과 할 회의가 있다. 만날 수가 없으니 물러가라."

고종이 단박에 거절하고 함께 있던 대신들에게 말했다.

"저놈들의 속셈을 모를 줄 알고. 우리는 무슨 일이 있어도 오백 년 역사의 조선, 대한 제국을 지킬 것이다."

대신들은 고종의 뜻을 따르기로 결정했다.

고종을 만날 수 없었던 하야시 공사는 이토 히로부미에게 연락했다. 이토 히로부미는 기다렸다는 듯이 무장한 군인들과 함께 중명전을 침범했다. 중명전은 황실의 도서관으로 쓰던 곳이었다.

이토 히로부미는 대신들을 불러 총칼을 들어 보이며 협박했다.

"어서 이 조약에 서명하시오. 우리 일본군들이 중명전을 둘러싸고 있으니 도망칠 수는 없을 것이오."

이토 히로부미의 협박에 대신들은 서로 눈치를 보았다. 이때 참정대신 한규설이 큰소리를 내며 나섰다.

"어찌 우리에게 매국노가 되라는 것이오! 나는 절대 여기에 서명할 수 없소!"

한규설이 거세게 반항하자 다른 대신들도 쭈뼛거렸다.

이미 마음속으로 일본의 말을 따르기로 결정한 이완용, 이근택, 이지용 등은 한규설을 보고 이맛살을 찌푸렸다.

그러자 이토 히로부미가 한규설을 중명전 마루방으로 불렀다.

"어서 여기다 서명하란 말이오!"

이토 히로부미가 소리를 지르자 한규설은 더 큰 목소리로 대답했다.

"나는 죽어도 못 하오. 아니, 하지 않을 것이오."

이토 히로부미가 방을 나가며 눈짓하자 마루방의 문이 잠겼다. 밖에는 일본군이 문 앞을 지키고 있었다.

"이보시오! 이게 무슨 짓이오? 문을 여시오! 이럴 수는 없소. 나를 가두고 무슨 짓을 하려고!"

한규설은 문을 두드리고 발로 찼다.

"이놈들아, 문을 열란 말이다. 문을 열라고!"

한규설은 지쳐 쓰러질 때까지 문을 열라며 소리쳤다.

그렇게 몇 시간이 흘러 새벽이 되었다. 마루방의 문이 스르르 열렸다. 한규설은 다른 대신들이 있는 방으로 뛰어 들어갔다.

이미 다른 대신들의 서명이 끝난 조약문을 이토 히로부미가 보여 주었다.

"안 돼, 이럴 수는 없소! 어찌 나라와 백성을 팔아넘긴단 말이오."

한규설은 바닥에 주저앉아 통곡했다. 어린애처럼 엉엉 울었다. 사람들이 그곳을 떠날 때까지 정신을 잃을 정도로 울었지만 울분이 가시지 않았다. 나라를 빼앗긴 설움, 그 치욕의 현장에 있었다는 수치심, 조정 대신이란 자리에 있으면서도 막을 수 없었다는 부끄러움이 통곡으로도 감당이 되지 않았다.

고종도 뒤늦게 사실을 알고 기가 막혔다.

"아니, 내가 서명도 하지 않았는데, 어떻게 그 조약이 이루어진단 말이냐? 이것은 무효다. 모두에게 이것을 알려야겠다."

고종은 자신이 할 수 있는 모든 것을 하고자 노력했다. 하지만 소용이 없었다.

백성들도 을사늑약의 소식을 듣고 분노하며 일본에 대항했다. 자결하는 대신들도 있었고 최익현처럼 의병을 일으켜 싸운 사람들도 있었다.

고종은 마지막 방법이라 생각하고 네덜란드의 헤이그에서 열리는 만국 평화 회의에 밀사를 파견하기로 했다.

고종은 중명전으로 이준을 불렀다.

"화란(네덜란드)이라는 나라에서 만국 평화 회의가 있다는 소식을 들었다. 네가 이상설과 이위종을 만나 회의에 참석하도록 해라. 가서 을사년의 조약이 무효임을 알리고 대한 제국이 외교권을 가진 나라임을 세계 모든 나라에 알려라."

고종의 명을 받은 이준은 블라디보스토크에서 이상설을 만나고, 상트페테르부르크에서 러시아 공사로 있던 이범진의 아들 이위종을 만나 함께 네덜란드 헤이그로 갔다.

세 사람은 만국 평화 회의에 참석하려 했지만 회의장 안으로 들어갈 수가 없었다. 일본이 끊임없이 방해하고, 세계의 여러 나라들도 모른 척했기 때문이다.

대신 세 특사는 외국의 기자들에게 을사늑약이 잘못된 것임을 호소했다. 몇몇 기자들은 이 사실을 신문에 보도하기도 했다.

이 사실을 알게 된 이토 히로부미는 고종에게 크게 화를 냈다.

"전하, 전하께서 그들을 보내신 것이 맞지요? 어떻게 이런 일을 벌이실 수 있습니까?"

"나는 모르는 일이오."

고종이 시치미를 뗐지만 소용 없었다.

"그 자리에 너무 오래 계셨나 봅니다. 이제 황태자께 자리를 물려주시고 전하는 편히 쉬시지요."

이토 히로부미와 친일파 대신들은 강제로 고종을 황제의 자리에서 끌어내렸다. 그리고 병약한 순종을 황제의 자리에 앉혔다.

총리대신 이완용과 통감 데라우치가 앞장선 가운데 1910년 8월 29일, 대한 제국은 일본에게 국권을 빼앗겼다.

## 하늘과 땅을 울리는 외침

 다음 해, 오랜만에 상호가 고종을 찾았다. 고종은 정관헌 탁자에 앉아 상호와 차를 마셨다. 고종은 지난 이삼 년 사이에 이삼십 년은 더 늙어 보였다. 이제 육십 세가 된 고종은 힘없는 뒷방 늙은이 신세였다.
 상호는 마음이 찌르르 아팠다.
 "전하, 새로 지은 석조전을 구경하고 왔사옵니다. 정말 서양의 건물 같았습니다. 황금색으로 장식된 오얏꽃 무늬도 아름다웠습니다. 영국에서 들여왔다는 붉은색 가구도 보았습니다."
 "그래. 지금은 정원 공사를 한다고 좀 시끄럽고 복잡할 게다."
 "네, 전하. 그런데 그렇게 멋지게 지은 석조전으로 옮기시지 않고 왜 함녕전에만 계속 머무르십니까?"
 고종은 고개를 들어 석조전 쪽을 한번 바라보았다.
 "멋있게 짓기는 했지. 하지만 내가 거기 들어갈 자격이 있더냐? 그 화려한 건물에 내가 어울리는 것 같지가 않구나."

"전하, 무슨 말씀이십니까? 전하를 위해 지은 석조전이 아닙니까?"

"나라를 빼앗긴 왕이 화려한 궁궐에서 산다고 행복하겠느냐. 나는 함녕전이 더 좋다. 석조전은 너무 딱딱하고 차가운 느낌이 들거든. 화려하고 멋지긴 하지만……. 난 여기가 더 좋구나."

고종의 눈빛에는 열정도 희망도 없었다.

"내가 여기서 살면 얼마나 더 살겠느냐. 날마다 치욕스런 삶을 곱씹으며 하늘이 나를 데려가기만을 기다리고 있다."

"전하, 희망을 잃지 마시옵소서. 비록 지금 나라는 빼앗겼지만 꼭 다시 찾을 것입니다. 전국 각지에서 의병들이 힘차게 싸우고 있습니다."

고종이 희미한 미소를 지으며 고개를 끄덕였다.

"그래, 언제나 목숨을 걸고 싸우는 건 백성들이지. 나는 나라를 빼앗긴 왕이고……. 휴, 후손들이 얼마나 나를 원망하고 욕할까? 조선 왕조 500년에 이런 일은 없지 않았느냐? 임진왜란을 겪은 선조께서도 궁궐을 버리고 피난은 갔지만 나라를 빼앗기지는 않으셨다. 인조께서도 삼전도에서 치욕스럽게 머리를 찧으셨지만 나라는 지켰다."

어느새 고종의 주름진 눈에서 눈물이 흘렀다.

"그런데 나는 어떠하냐? 모두들 나를 비난할 것이다. 나라를 빼앗긴 왕, 아버지와 왕비 사이에서 어쩔 줄 몰라 한 우유부단한 왕, 백성을 지키지 못한 왕, 왕이 되지 말았어야 할 왕……."

"전하, 전하, 아니옵니다."

고종의 감정이 격해지자 상호가 고종의 말을 막았다.

"전하께서는 서양의 문물을 받아들이시어 조선을 발전된 나라로 만드셨습니다. 많은 교육 기관을 세워 백성들을 무지에서 깨어나게 하셨고요. 목숨을 걸고 화란에 밀사를 보내기도 하셨습니다. 외국의 선교사들도 전하를 칭찬합니다. 온화한 품성을 가진 영리한 군주라고 말입니다."

고종은 상호의 말을 믿었다. 상호는 아부나 거짓말을 하지 않는다는 것을 누구보다 더 잘 알았기 때문이다.

"전하께서는 일찍이 전기를 들여와 조선의 밤을 환하게 밝히셨습니다. 전하는 새로운 문물을 받아들이는 데 겁을 내지 않으셨지요. 덕분에 백성들도 훨씬 쉽게 서양 문물을 받아들였습니다."

"전깃불 말이로구나. 나는 밤이 무서웠단다. 온갖 난리를 겪고 나니 밤에 쉽게 잠을 이룰 수 없었거든. 궁궐을 환하게 밝힐 수 있다면 그 어떤 것도 아깝지 않았어."

고종은 궁궐에 전깃불이 처음 들어오던 날을 떠올렸다.

건천궁 앞 향원정 빈터에서 서양인이 기계를 조작하자 벼락이 치는 것처럼 큰 소리가 났다. 쇠기둥 위의 환한 전등이 켜지자 사람들은 놀라면서도 두려워했다.

"밤이 낮처럼 환하구먼."

"불에 타지도 않고, 물로 일으키는 불이라니!"

고종은 조용한 밤보다 시끌벅적하고 환한 밤이 좋았다. 고종과 명성 황후는 밤늦게까지 자지 않고 춤과 노래를 즐겼다. 그러다 보면 어느새 두려웠던 어두운 밤이 지나갔다. 고종과 명성 황후는 새벽이 가까워지면 그제야 잠이 들었다.

경복궁의 밤이 낮처럼 밝을 때, 백성들의 삶은 밤처럼 어두웠다. 궁궐 안의 웃음소리와 음악 소리에 백성들의 신음과 비명은 묻히고 말았다.

고종은 명성 황후 생각도, 백성들에 대한 미안함도 털어 버리려는 듯 고개를 저었다.

"나는 아직도 생각한단다. 그때 조 대비마마가 내가 아닌 다른 사람을 왕위에 앉혔다면…… 그 사람이 누구든 왕 노릇을 더 잘하지 않았을까 하고 말이다."

"전하, 지금 우리가 사는 이 세상은 너무나 복잡합니다. 일본과 청나라 그리고 서양의 여러 나라들이 자기들의 이익을 위해 조선을 밀고 당기지 않았습니까? 어떤 분이 왕이 되셨더라도 그

것을 다 이겨 낼 수는 없었을 것입니다."

"그래, 하지만 너도 나를 원망한 적이 많지 않느냐? 내가 잘못한 것도 많다고 생각하겠지."

고종이 자신의 마음을 꿰뚫어보는 것 같아 상호는 고개를 숙였다.

"괜찮다. 늙으니 좋은 점도 있구나. 나 자신을 돌아볼 여유가 생기니 말이다."

고종은 의자를 끌어당겨 앉아 상호의 손을 잡았다.

"상호야, 너는 정말 우리가 일본에게서 독립할 수 있다고 믿느냐?"

상호도 얼른 의자를 당겨 탁자 가까이에 몸을 붙였다.

"네, 전하. 백성들 모두가 힘을 합칠 것입니다. 모두가 독립을 위해 싸울 것이니까요. 빠른 시일 내에 꼭 독립이 될 것입니다."

"그래, 살아생전에 내가 그것을 볼 수 있을지 모르겠다만. 상호야, 너에게 부탁이 있다."

"네, 전하. 말씀만 하시옵소서."

"너도 네 아비처럼 용감히 싸울 수 있겠느냐? 대한 제국의 독립을 위해서, 나를 위해서 싸워 주겠느냐?"

상호는 고종의 손을 꽉 움켜잡았다.

"전하, 우리나라가 독립하는 그날까지 한순간도 멈추지 않겠습니다. 약속드립니다."

상호의 눈가에서도 눈물이 흘렀다.

"그래, 너를 믿는다. 암, 믿고말고."

고종은 고개를 들었다. 덕홍전에서 정관헌으로 이어지는 꽃담이 보였다. 고종은 마음이 조금 편안해졌다.

1919년 1월 어느 날이었다. 평소대로 함녕전에서 잠자리에 든 고종은 꿈을 꾸었다.

"덕수야, 같이 가!"

한 아이가 숨을 헐떡거리며 책보자기를 들고 뛰었다. 명복이로 불리던 어린 시절의 고종이었다.

"명복아, 어서 와."

덕수가 명복이의 손을 잡아끌어 주었다.

바위에 걸터앉자 시원한 바람이 두 아이의 이마를 쓸었다. 명복이는 바위 아래로 두 발을 까딱까딱 흔들었다.

"덕수야, 나는 있잖아. 왕으로 살기 싫었어. 너처럼 평범하게 살고 싶었어."

"알아. 네가 힘든 일을 많이 겪은 거."

"내가 왕이 아니었다면 동학 농민군을 처벌하라고 하지 않았을 것 아냐. 그럼 너도 그렇게 많이 안 다쳤을 텐데."

"나는 동학 농민군이 된 것을 후회하지 않아. 너도 왕이 된 것을 후회하지 마. 더구나 넌 어쩔 수 없이 왕이 된 거잖아?"

명복이는 고개도 까딱거렸다.

"덕수야, 나는 너랑 재미있게 놀고 싶어. 글공부도 하고."

"명복아, 다 잊어버리고 우리 이제 예전처럼 놀자. 저 산꼭대기까지 같이 올라가 볼까?"

"구름에 가려져 있는 저 높은 곳 말이야? 좋아, 씩씩한 너랑 가면 무섭지 않아."

명복이는 벌떡 일어나 흙 묻은 바지를 툭툭 털었다.

"명복아, 너도 씩씩하고 똑똑해."

덕수가 그렇게 말하고 웃어 주니 명복은 정말 기분이 좋았다.

"자, 가자."

덕수가 손을 내밀었다. 명복은 덕수의 손을 잡고 산을 올랐다. 높이 오를수록 한양이, 조선이 잘 보였다.

'내가 이 멋진 산과 강, 이 아름다운 백성들의 왕이었구나.'라고 생각하는 순간 고종은 잠에서 깼다.

꿈이 너무나 생생해서 마치 조금 전에 일어난 일 같았다. 고종은 한참을 멍하니 앉아 있었다.

며칠이 지나고 1월 21일, 고종이 승하했다. 고종의 죽음에는 미심쩍은 점이 많았다.

"전하께서 독이 든 식혜를 드시고 돌아가셨다는 게 사실인가?"

"의친왕께서 보셨는데 시신이 부어 있고 입술이 새파랗게 변해 있었다는구먼."

고종의 죽음에 대한 소문이 전국에 빠르게 퍼져 나갔다.

"일본 놈들이 기어이 전하까지 독살했군. 왕비마마도 죽이더니 전하마저."

"나라가 힘이 없어 임금을 지키지 못한 거야. 세상에 어찌 이런 일이 일어난단 말인가!"

백성들은 서러워서 울었다. 나라를 빼앗겨서, 그래서 임금도 잃어버려서…….

고종의 인산일(능으로 시신을 모시는 장례의 마지막 날)을 앞두고 전국에서 백성들이 모여들었다. 백성들은 더 이상 이런 일을 당하지 않으려면 일본으로부터 독립해야 한다고 생각했다.

인산일 이틀 전인 3월 1일, 전국의 백성들이 태극기를 흔들며 소리쳤다.

"대한 독립 만세! 대한 독립 만세!"

남녀노소 신분을 가릴 것 없이 백성들 모두가 거리로 나왔다. 일본군들이 총칼을 휘둘렀다. 하지만 조선인들의 숫자가 너무 많아 쉽게 쫓을 수가 없었다.

맨 앞에서 커다란 태극기를 들고 휘두르는 청년이 있었다. 바로 상호였다.

'전하, 보이십니까? 당신의 백성들이 이렇게 목청껏 대한 독립을 외치고 있습니다. 걱정 마십시오, 전하. 우리는 꼭 해낼 것입니다. 당신의 삶처럼 한 많은 조선 땅을 꼭 다시 찾겠습니다.'

상호는 하늘에 있는 고종에게 들리도록 온몸의 힘을 다 짜내어 소리쳤다.

"대한 독립 만세! 대한 독립 만세!"

삼천리 방방곡곡의 풀과 나무, 짐승도 바위도 함께 외쳤다.

"대한 독립 만세! 대한 독립 만세!"